Erich Mühsam

Die Lyrik

152 Gedichte

Erich Mühsam: Die Lyrik. 152 Gedichte

Neuausgabe mit einer Biographie des Autors
Herausgegeben von Karl-Maria Guth
Berlin 2016

Der Text dieser Ausgabe folgt:
Erich Mühsam: Ausgewählte Werke, Bd.1: Gedichte. Prosa. Stücke,
Bd. 2: Publizistik. Unpolitische Erinnerungen, Berlin: Volk und Welt,
1978.

Die Paginierung obiger Ausgabe wird hier als Marginalie zeilengenau
mitgeführt.

Umschlaggestaltung von Thomas Schultz-Overhage unter Verwendung
des Bildes: Unbekannter Fotograf, Erich Mühsam, 1928

Gesetzt aus der Minion Pro, 11 pt

Verlag: Henricus - Edition Deutsche Klassik GmbH
Mörchinger Str. 33, 14169 Berlin, info@henricus-verlag.de
Druck: Libri Plureos GmbH, Friedensallee 273, 22763 Hamburg

Die Ausgaben der Sammlung Hofenberg basieren auf zuverlässigen
Textgrundlagen. Die Seitenkonkordanz zu anerkannten
Studienausgaben machen Hofenbergtexte auch in wissenschaftlichem
Zusammenhang zitierfähig.

ISBN 978-3-8430-9177-0

Bibliografische Information der Deutschen Nationalbibliothek

Die Deutsche Nationalbibliothek verzeichnet diese Publikation in der
Deutschen Nationalbibliografie; detaillierte bibliografische Daten sind
im Internet über www.dnb.de abrufbar.

Inhalt

Gebrauchsanweisung für Literarhistoriker 7
Dichter und Vagabund 9
Ich bin ein Pilger 9
Heimat 9
Das Trinklied 10
Lumpenlied 11
Im Bruch 12
Aufforderung zum Tanz 13
Immer noch die dürftigen Nöte 13
Versnot 14
Heimweg 15
Wenn Gott mich so verstände 15
Weiter, weiter - unermüdlich 16
Weltschmerz und Liebe 17
Das Nichts 17
Das sind die Nächte, die mir Furcht erregen 17
Meine Seele ist so fremd 17
Dämmerung 18
Die Ratte 18
Wollte nicht der Frühling kommen 19
Mein Gemüt brennt heiß wie Kohle 20
Ich möchte wieder vom Glücke gesunden 21
Dumpf sengt die Mittagssommersonnenglut 21
Die Kirchenuhr schlägt Mitternacht 22
An dem kleinen Himmel meiner Liebe 22
Folg mir in mein Domizil 23
Gebt mir Schnaps 23
Mädchen mit den krummen Beinen 24
Rendezvous 24
Weihnachten 25
Liebesweisheit 26
Warum faltest du die Hände 27
Frühlingserwachen 27
Füllet Wein in goldne Schalen 28
Du gingst mit mir 28
Du hast mich fortgeschickt 29
Die uns scheiden, miß nicht die Meilen 30
Spiel nur, lustiger Musikante 30
Und wieder tritt das Leben mir 30

Hinter den Häusern heult ein Hund 31
Was ist der Mensch 31
Beschauliche Weisheit 32
Es stand ein Mann am Siegestor 32
Disput 32
Ach, ihr Seelendreher 33
Der tote Kater 34
Erziehung 34
Ich zog einmal ein liebes Kind 35
Trostspruch 36
Motto 36
Produktion 36
Kracht der Topf in Scherben 37
O Mitmensch, willst du sicher sein 38
Ich möchte Gott sein 38
Heilige Nacht 39
Lebensregel 39
Ewiges Diesseits 40
Gleichnisse 41
Jeden Abend werfe ich 41
Erwachen 41
Wenn mich dereinst in fernen Ewigkeiten 41
Verwirrt von dem Erlebnis dieser Tage 42
Sei's in Jahren, sei's schon morgen 42
März 43
Der Glockenturm 43
Der Bahnhof 44
Nacht im Schwarzwald 44
Überschwemmung 45
Lerchen schmettern mir den Morgengruß 47
Der Schornstein 47
Der Torbogen 48
Das Wasserrohr 48
Kalender (1913) 49
Kain 50
Moses 53
Golgatha 54
Ich weiß von allem Leid 55
Ich wollt das Lied des Herzens nicht verschweigen 55
Noch geb ich nicht den Sieg verloren 56
Testament 56
Gesichte 57
Nun flammt das Feuer auf 58

Nach all den Nächten, die voll Sternen hingen 58
Der Mahner 59
Verhüllt der Himmel und die Welt 59
Balladen 60
Die drei Gesellen 60
Meta und der Finkenschafter 61
Das kleine Mädchen 65
Kleiner Roman 67
Amanda 68
Adelgunde 72
Altonaische Romanzen 76
Poeta Laureatus 83
Seenot 84
Krieg 93
An die Soldaten 93
Wiegenlied 94
Barbaren 95
Soldatenlied 96
Kriegslied 97
Elegie im Kriege 99
Vision 99
Ode zum Jahreswechsel 1916-17 101
Die Pfeife 102
Klage 103
Hungersnot 104
Vampir Erde 105
Fanale 107
Weltwende 107
Ewige Wiederkunft 107
Hybris 109
Predigt 110
Kein Himmel hilft 110
Wunderglaube 112
Appell 112
Streit und Kampf 113
Dichter und Kämpfer 114
Kampfruf 115
Marschlied der Zwölfjährigen 115
Lied der Jungen 116
Gesang der jungen Anarchisten 117
Gesang der Arbeiter 118
Rebellenlied 119
Trutzlied 120

Rechtfertigung 121
Gesang der Intellektuellen 122
Der Revoluzzer 123
Bürgers Alpdruck 124
Das Volk der Denker 125
Ruf aus der Not 127
Vor der Vergeltung 129
Der Tote 130
Mahnung der Gefallenen 132
Fanal 133
Haft 134
Der Gefangene 134
Geschonte Kraft 135
Einzelhaft 135
Gefängnis 136
Herz in Not 137
In der Zelle 138
Die Pflicht 139
Zuversicht 139
Herbstmorgen im Kerker 140
Freiheit in Ketten 141
Vermächtnis 142
Requiem 144
Ich lade euch zum Requiem 144
Curt Siegfried 144
Francesco Ferrer 145
Tolstois Tod 146
Peter Kropotkin 148
Frank Wedekind 149
Gustav Landauer 151
August Hagemeister 153
Lenin 154
Karl Liebknecht - Rosa Luxemburg 155
Sacco und Vanzetti 157
Sacco und Vanzetti [1] 158
Seppl Wittmann 159

Gebrauchsanweisung für Literarhistoriker

Glaubt ihr mich wert, für künftige Studenten
im Namensalmanach »Wer war's?« vermerkt zu stehn –
ich lächle schon – doch mag's geschehn:
die Manen zehren gern von Ruhmesrenten.
Laßt die Magister literarischer Seminare
der Verse Rhythmen metrisch spalten,
Symbol-Metaphern unters Prisma halten
und Rühmens machen von der Dichterware,
die Zeugnis gibt poetischen Charakters,
wie sie teils griechisch-schlicht, teils in getragner Gotik
serviert wird – wenn auch leider die Erotik
oft recht obszön scheint, daß so leicht nichts Nackters
sich findet in der deutschen Lit'ratur;
dies ist betrüblich – andrerseits
lockt doch auch dieser Muse Formenreiz
und führt bisweilen gar auf ernster Liebe Spur.
Da sieht man, wie aus Herzverdruß
sich des Poeten echte Seufzer ringen,
beziehungsweise, wie Humore schwingen
(zwar häufig bittre) aus der Liebe Ungenuß. – –
So mag, was mein intimes Sein bewegte,
bei Hörern und bei Hörerinnen,
mein Lieb- und Leiden Sympathie gewinnen,
wie auch, daß mir der grelle Mondschein Furcht erregte …
Nun aber räuspern sich die Professoren:
De mortuis nihil nisi bene!
Doch – tief bedauerlich – es geben jene
ein Quantum wieder meines Ruhms verloren:
Der Dichter, von des Tages Eitelkeit verblendet,
hat manchmal sein beachtliches Talent
– kopfschüttelnd rügt es der Privatdozent –
auch an der Gosse Mobinstinkt verschwendet
und hat in solchen trüben Sphären
mit übeln Kampfgesängen Triebe aufgerührt,
die, hätte sie die Hetze nicht verführt,

dem Bürger nie zur Pein geworden wären ...
Statt poesievoll alle Menschen zu versöhnen,
schürt er – dies hüllt sein Licht in Schatten –
den Haß des Hungerpöbels auf die Satten,
die Kunst entweihend mit politischen Tönen.
So traf – der Wahrheit sei die Ehre! –
ihn, den wir gern als Zierde des Parnasses nennten
– und ein umflorter Blick streift die Studenten –,
die Strafe der Justiz mit wohlverdienter Schwere.
In den Annalen der politischen historia
wird drum, als Schädling unsres Staats,
der Name aufbewahrt – der eines Herostrats;
ein Warnungsmal: sic transit mundi gloria!
Hingegen wir, wir unpolitischen Ästheten,
wir kennen und verdammen freilich seine Schmach –
doch unser Musenalmanach
vermerke immerhin den lyrischen Poeten ...

Soll das der Nachruhm sein, der mir beschieden? –
Es sei: Mein Name gilb in Listen
form- und gemütbegeisterter Seminaristen,
mit einem Schandkreuz angemerkt. – Ich bin's zufrieden.
Sonst sei er ausgelöscht im Weltgedächtnis.
Auch sei, was ich von Mond und Mädchen je gedichtet,
für Dissertationen im Archiv geschichtet:
das Tote ist dem Leben kein Vermächtnis! ...
Doch, blieb aus meinem Freiheitsruf ein Reim,
ein einziger, lebendig bei Rebellen –
gelang ein Wort mir, Dumpfheit zu erhellen,
so kehr mein Name gern zum Lethe heim.
Denn: färbt ein weißes Blütenblatt sich rot
vom Blute meiner Leidenschaft –
ein einziges auf dem Feld, wo junge Kraft
den Sieg erkämpfen soll –, so ist mein Werk nicht tot!
Es lebt im Hauche, den es stärkend trug
zum Kampf der Jugend. – – Name nicht, noch Wort –
der Geist, der wirkende lebt fort!
Darf meiner Freiheit wirken, ist's mir Ruhm genug.

Dichter und Vagabund

Ich bin ein Pilger ...

Ich bin ein Pilger, der sein Ziel nicht kennt;
der Feuer sieht und weiß nicht, wo es brennt;
vor dem die Welt in fremde Sonnen rennt.

Ich bin ein Träumer, den ein Lichtschein narrt;
der in dem Sonnenstrahl nach Golde scharrt;
der das Erwachen flieht, auf das er harrt.

Ich bin ein Stern, der seinen Gott erhellt;
der seinen Glanz in dunkle Seelen stellt;
der einst in fahle Ewigkeiten fällt.

Ich bin ein Wasser, das nie mündend fließt;
das tauentströmt in Wolken sich ergießt;
das küßt und fortschwemmt – weint und froh genießt.

Wo ist, der meines Wesens Namen nennt?
Der meine Welt von meiner Sehnsucht trennt?
Ich bin ein Pilger, der sein Ziel nicht kennt.

Heimat

Die hohen Türme haben mich gegrüßt,
die über meinen Kinderträumen ragten,
und ihre unbewegten Mienen fragten,
wie ich des Lebens wachen Ernst verbüßt.

Des Waldes Blätter haben mir gerauscht,
wo meine Schmerzen erste Reime fanden.
Ich habe ihre Frage wohl verstanden:
ob ich beglücktes Dichten eingetauscht.

Doch, als ich kam zu meines Meeres Flut,
da stürmten alle Wellen, mich zu grüßen,
und drängten zärtlich sich zu meinen Füßen
und fragten nichts. – Da war mir frei und gut.

Das Trinklied

Stimmt eure Seelen zu festlichen Klängen,
füllt eure Herzen mit jauchzendem Wein! –
Denn die Jahre der Jugend drängen,
und das Alter bricht polternd herein. –
Noch strahlen uns Sonnen, noch blinken uns Gläser –
noch lachen uns Lippen und Brüste heiß –
noch blühen die Blumen, noch grünen die Gräser –
aber eilt euch: was rot ist wird weiß!

Rasch ziehen vorüber die glücklichen Stunden. –
Hält uns nicht die Jugend – wir halten sie nicht!
Wehrt euch der Würde! – Der ist überwunden,
den fromme Sitten plagen und Pflicht!
Nieder mit dem, den Sorgen bedrücken –
denn der weiß nicht, was Leben heißt:
Lebend genießen, lebend beglücken –
aufs Leben trinken, bis es zerreißt!

Trinken! Trinken! Auf Leben und Sterben!
Leben! Leben! Auf Blut und Kuß!
Leert den Pokal, dann keilt ihn in Scherben!
Lebt euer Leben – und dann ein Schuß!
Trinken ist Leben, und Leben ist Trinken!
Nieder der Schwächling, der trunken fällt!
Wein her! – Wir wollen im Leben versinken!
Das Leben her! – Es lebe die Welt!

Lumpenlied

Kein Schlips am Hals, kein Geld im Sack.
Wir sind ein schäbiges Lumpenpack,
auf das der Bürger speit.
Der Bürger blank von Stiebellack,
mit Ordenszacken auf dem Frack,
der Bürger mit dem Chapeau claque,
fromm und voll Redlichkeit.

Der Bürger speit und hat auch recht.
Er hat Geschmeide gold und echt. –
Wir haben Schnaps im Bauch.
Wer Schnaps im Bauch hat, ist bezecht,
und wer bezecht ist, der erfrecht
zu Dingen sich, die jener schlecht
und niedrig findet auch.

Der Bürger kann gesittet sein,
er lernte Bibel und Latein. –
Wir lernen nur den Neid.
Wer Porter trinkt und Schampus-Wein,
lustwandelt fein im Sonnenschein,
der bürstet sich, wenn unserein
ihn anrührt mit dem Kleid.

Wo hat der Bürger alles her:
den Geldsack und das Schießgewehr?
Er stiehlt es grad wie wir.
Bloß macht man uns das Stehlen schwer.
Doch er kriegt mehr als sein Begehr.
Er schröpft dazu die Taschen leer
von allem Arbeitstier.

Oh, war ich doch ein reicher Mann,
der ohne Mühe stehlen kann,
gepriesen und geehrt.

Traf ich euch auf der Straße dann,
ihr Strohkumpane, Fritz, Johann,
ihr Lumpenvolk, ich spie euch an. –
Das seid ihr Hunde wert!

Im Bruch

Fest zugeschnürt der Hosengurt.
Der Darm ist leer, der Magen knurrt.
Auf morschem Rock glänzt Fleck bei Fleck.
Darunter starrt das Hemd von Dreck.
Aus Pfützen schlürft das Sohlenloch.
Wer pumt mir noch? Wer pumpt mir noch?
Wer pumpt mir einen Taler noch?

Kein Geld, kein Schnaps, kein Fraß, kein Weib.
In mürben Knochen kracht der Leib.
Die Nacht ist kalt. Es kratzt das Stroh.
Die Laus marschiert, es hupft der Floh.
Die Welt ist groß, der Himmel hoch.
Wer pumpt mir noch? Wer pumpt mir noch?
Wer pumpt mir einen Taler noch?

Noch einen einzigen Taler nur:
für einen Schnaps! Für eine Hur!
Für eine Hur, für eine Braut!
Das Leben ist versaut! versaut!
Nur einen Taler! Helft mir doch!
Wer pumpt mir noch? Wer pumpt mir noch?
Wer pumpt mir einen Taler noch?

Aufforderung zum Tanz

Hopla, hopla, hop – juhö!
Um die Wette mit die Flöh!
Um die Wette mit die Wanzen!
Hopla, Schickse, laß uns tanzen!

Hopla, hopla, hop – juhei!
Flöh und Wanzen in die Reih!
Und die Beine in die Luft!
Hopla, Schickse, das ist duft!

Hopla, hopla, hop – juhu!
Hopla, komm doch, Rindvieh du!
Kunde, Schickse, Floh und Wanz!
Hopla, hop – das ist ein Tanz!

Immer noch die dürftigen Nöte

Immer noch die dürftigen Nöte!
War mir doch das Geld vergönnt,
daß ich eine neue Flöte
meinen Liedern kaufen könnt!
Eine Flöte, drauf ich bliese
kummerfreie Melodein.
Die mich heut begleitet, diese
Knarre sargt ich sorglich ein.
Schön von Holz, doch nicht von Pappe
sei mein Instrument gebaut,
und aus edler Silberklappe
ströme meines Atems Laut.
Sammelt für den Dichter,
sammelt, daß aus Gelde Freude sprießt!
Haltet nicht das Tor verrammelt,
das des Dichters Lied verschließt!
Hätt ich erst die neue Flöte,

Denkmal eures Opfersinns –
der Gesang, den ich euch böte,
wäre mehr als Dank und Zins.
Und ihr alle ohne Zweifel
sängt nach meinem Notenblatt,
von der Weichsel bis zur Eifel,
von der Alp zum Kattegatt.

Versnot

Der gute Saft ist im Gehirn erfroren,
der sich in Verse zu ergießen pflegt.
So Blei wie Feder stecken unbewegt,
von Haaren überflutet, an den Ohren.
Heiz mir die Seele, liebe Sonne du!
Blaublümlein, weh mir Düfte in die Nase!
Umsäusle mich, o Zephirwind, und blase
mir Jamben oder Anapaeste zu!
Warum, ihr Tränendrüsen, wahrt in steifer
Verstocktheit ihr das Naß in den Gehäusen?
Die Wimper klappt. Nun öffnet eure Schleusen,
und spritzt mir salzige Fluten an den Kneifer!
Sehnsucht und Liebe, himmlische Geschwister,
packt mich beim Schopf! Ergreift mich, Todesschauer! …
Doch weh, das süße Ahnen all ward sauer,
geschlossen bleibt das Leidenschaftsregister.
Oh, teure Muse, stimme mich ekstatisch:
Enthülle deine Reize mir verführerisch,
und laß mich dichten – episch oder lyrerisch,
und, wenn's nicht anders sein kann, auch dramatisch!
Du hast mir, Muse, manches Kind geboren:
Dein Leib schwoll oft von meiner Dichterkraft,
der es vermocht, der warme Herzenssaft,
der gute Saft ist im Gehirn erfroren.

15

Heimweg

Mein Heimweg ist nicht lang.
Er läßt mir grade Zeit
zu einem Lobgesang
auf meine Tüchtigkeit.
Ich saß beim Alkohol
und schwatzte angenehm
von Kunst und Menschenwohl:
ich weiß nicht mehr zu wem.
Jetzt aber geh ich heim
und lobe meinen Fleiß,
der stets mit einem Reim
sich zu bestätigen weiß.

Wenn Gott mich so verstände

Wenn Gott mich so verstände,
wie ich sein Werk versteh,
er gab in meine Hände
den Segen für das Weh.

Ich seh auf Feld und Weide
das Glück der Welt gedeihn.
Für mich wächst kein Getreide,
am Rebenstock kein Wein.

Ich möcht die Menschen lehren,
wie man das Leben lebt;
kann selbst mich nicht erwehren
des Leids, das an mir klebt.

Ich bete zu den Frauen:
seid schön, seid stark, seid frei!
An meiner Liebe schauen
die Herrlichsten vorbei.

Wär mir der Blick verschlossen
und kennt die Schönheit nicht –
ich stände hell umflossen
von Sonne und von Licht.

Gott ist gerecht und weise.
Stimmt an: Halleluja!
Zu Gottes Ehr und Preise
bin ich, der Dichter, da.

Weiter, weiter – unermüdlich

Weiter, weiter – unermüdlich!
Westlich, östlich; nördlich, südlich.
Suche, Seele, suche!
Suche nur, kannst doch nichts finden!
Sonnen strahlen, Sonnen schwinden.
Fluche, Seele, fluche!

Nördlich, südlich; westlich, östlich.
Such das Glück. Das Glück ist köstlich.
Suche, Seele, suche!
Suche, daß die Sterne stieben!
Wird dich doch die Welt nicht lieben.
Fluche, Seele, fluche!

Südlich, nördlich; östlich, westlich,
Himmel, Erde, schmuck und festlich.
Suche, Seele, suche!
Schönheit, Freuden, Räusche, Frieden
sind dir, Seele, nicht beschieden.
Fluche, Seele, fluche!

Mit dem Fahrschein bahnbehördlich
westlich, östlich; südlich, nördlich.
Suche, Seele, suche!
Siehst dein Glück vorübertreiben
hinter Schnellzugsfensterscheiben.
Fluche, Seele, fluche!

Weltschmerz und Liebe

Das Nichts

Ich sah durch ein hohes, großes Loch.
Ist nichts darin? – Doch! scholl es. – Doch!
Und ich suchte und suchte und grub nach dem Nichts.
Da quoll aus dem Loch eine Garbe Lichts. –
Ich habe das Nichts gefunden –
und mir um die Stirn gewunden.

Das sind die Nächte, die mir Furcht erregen

Das sind die Nächte, die mir Furcht erregen,
wo sich der Mond an meine Seite schmiegt
und kranke Schatten führt an meinen Wegen,
entschleiernd, was am Grund des Grauens liegt.

Oh, hassenswert sind diese hellen Nächte.
Ich will im Dunkeln meine Straße gehn.
Ich dulde nicht, daß unbekannte Mächte
mit scheelem Blick in meine Seele sehn.

Verhaßter Mond, der feil und unverschwiegen
mir in mein innerstes Geheimnis bricht!
Ich wollt, ich dürft erst tot im Grabe liegen,
gefeit vor Furcht und unerbetnem Licht.

Meine Seele ist so fremd

Meine Seele ist so fremd
allem, was als Welt sich preist,
allem, was das Leben heißt.
Meine Seele ist so rein –

19

keine Scham ist ihr zu eigen. –
Nackend steht sie, ohne Hemd
abseits eurem Lebensreigen. –
Darum nennt ihr sie gemein.
Meine Seele weiß es kaum,
daß ihr schmähend sie verflucht; –
sie tut keiner andern wehe; –
ihren fernen, fremden Traum
stört nicht einmal eure Nähe! – –
Meine Seele sucht. – Sie sucht.

Dämmerung

Traurig ist's und jämmerlicht,
wenn der Mensch im Dämmerlicht
früh den Weg nach Hause sucht
und dabei die Welt verflucht.

Aus dem grauen Pflasterstein
grinst Verzweiflung, Laster, Pein,
und vom schwanken Lampenpfahl
flackert Aberwitz und Qual.

In des Menschen bangem Leid
stöbert die Vergangenheit –
und er steigt voll Scham und Schmach
einer späten Hure nach.

20

Die Ratte

Eine dicke dunkelbraune Ratte
nagt des Nachts an meinem Rückenmark,
und an meine Glieder hängt sich eine matte
dumpfe Schwere.
Wüßt ich nur, wie ich der Ratte wehre!
Wären meine schlaffen Sehnen stark!

Doch umsonst: all meine beste Habe,
alles, was ich war und was ich hatte,
nagt sie, knabbert sie in sich hinein. –
Trägt man mich dereinst zu Grabe,
senkt mich kraftlos, saftlos in das Erdreich ein,
folgt, ich wett, als erste dem Gebein
trauervoll und dankbar eine satte
dicke dunkelbraune Ratte.

Wollte nicht der Frühling kommen?

Wollte nicht der Frühling kommen?
War nicht schon die weiße Decke
von dem Rasenplatz genommen
gegenüber an der Ecke?
Nebenan die schwarze Linde
ließ sogar schon (sollt ich denken)
von besonntem Märzenwinde
kleine, grüne Knospen schwenken.
In die Herzen kam ein Hoffen,
in die Augen kam ein Flüstern –
und man ließ den Mantel offen,
und man blähte weit die Nüstern …

Ja, es waren schöne Tage.
Doch sie haben uns betrogen.
Frost und Sturm und Schnupfenplage
sind schon wieder eingezogen.
Zugeknöpft bis an den Kiefer
flieht der Mensch die Gottesfluren,
wo ein gelblichweißer, tiefer
Schnee versteckt die Frühlingsspuren.
Sturmwind pfeift um nackte Zweige,
und der Rasenplatz ist schlammig.
In mein Los ergeben neige
ich das Auge. Gottverdammich!

Mein Gemüt brennt heiß wie Kohle

Mein Gemüt brennt heiß wie Kohle.
Könnt ich's doch durch Verse kühlen!
Ach, ich berst fast von Gefühlen,
doch mir fehlen die Symbole.

Weltschmerz, banne meine Nöte!
Weltschmerz, den so oft ich reimte.
Tückisch greint die abgefeimte,
schleimig-weinerliche Kröte.

Laster, die mich erdwärts leiten,
gebt mir Verse, zeigt mir Bilder!
Satan lacht und läßt nur wilder
Höllen mir vorüberreiten.

Helft denn ihr, soziale Tücken!
Mußt durch euch ich viel verzichten – –
seid auch Spender! Laßt mich dichten!
Doch sie stechen nur wie Mücken.

In des Monds verfluchtem Scheine
such ich und im Alkohole; – –
alles quält mich; doch Symbole,
ach, Symbole find ich keine.

Aus. Vorbei. – – Ich war ein Dichter. – –
All mein Sehnen, all mein Hassen
ist vom Genius verlassen. – –
Leben, zeig mir neue Lichter! …

Mag mich denn die Liebe trösten,
Mutter meiner besten Schmerzen.
Strahlend stehn in tausend Kerzen
die Symbole, die erlösten.

22

Ich möchte wieder vom Glücke gesunden

Ich möchte wieder vom Glücke gesunden.
Die Seele sehnt sich nach harten Streichen.
Die Seele sehnt sich nach frischen Wunden,
nach Kämpfen und Bängnissen ohnegleichen.

Stürzt von den Bergen, Lawinen des Leides!
Schlagt aus den Gründen, Quellen der Klagen! – –
Liebe und Lust, zerfließen soll beides,
wo die Freuden verrecken und das Behagen ...

Grauen, steigt aus den blutigen Seen – –
zerrt mich hinein in das wilde Entsetzen!
Auf die Fahnenstangen der Höllenmoscheen
zieht der lustigen Seele traurige Fetzen!

Dumpf sengt die Mittagssommersonnenglut

Dumpf sengt die Mittagssommersonnenglut.
Schwer ächzt das Hirn im Druck der Schädelschale.
Der Hals staut unterm Adamsapfel Blut,
und auf der Stirn stehn schmutzige Schweißesmale.

Der Himmel gähnt in schattenlosem Blau;
der See schnappt faul nach grellen Strahlenbrocken;
der Berge schläfrig regungsloser Bau
glotzt in den Tag – gelangweilt, träg und trocken.

Und all in dieser peinvoll heißen Not
kein Geld, um mich im Wirtshaus zu erfrischen.
Denn ach, wo Gottes Gnade uns umloht,
steckt meistens auch des Teufels Hand dazwischen.

Die Kirchenuhr schlägt Mitternacht

Die Kirchenuhr schlägt Mitternacht.
Da unten schäumt der Fluß und keucht.
Die Eisenbrücke ächzt und kracht,
und meine Stirn ist kalt und feucht.
Und meine Finger stehn gespreizt,
es zittert im Gelenk das Knie,
und hinter meinen Augen heizt
der Mondschein brandige Phantasie.
Was will das lüsterne Gestirn? – –
Ein Baum greift aus. Ein Vogel krächzt.
Ein Peitschenschlag durchreißt mein Hirn …
Es keucht der Fluß. – Die Brücke ächzt.

An dem kleinen Himmel meiner Liebe

An dem kleinen Himmel meiner Liebe
will – mich dünkt – ein neuer Stern erscheinen.
Werden nun die andern Sterne weinen
an dem kleinen Himmel meiner Liebe?

Freut euch, meine Sterne, leuchtet heller!
Strahlend steht am Himmel, unverrücklich
eures jeden Glanz und macht mich glücklich.
Freut euch, meine Sterne, leuchtet heller!

Kommt ein neuer Stern in eure Mitte,
sollt ihr ihn das rechte Leuchten lehren.
Junge Glut wird euer Licht vermehren,
kommt ein neuer Stern in eure Mitte.

An dem kleinen Himmel meiner Liebe
ist ein Funkeln, Glitzern, Leuchten, Sprühen.
Denn ein neuer Stern beginnt zu glühen
an dem kleinen Himmel meiner Liebe.

24

Folg mir in mein Domizil

Folg mir in mein Domizil,
liebes Kind, und frag nicht viel.
Wirst schon alles lernen,
wirst schon alles sehn,
liest nicht in den Sternen,
was dir heut noch alles kann für Heil geschehn.

Stehst herum in Nacht und Wind.
Komm! Bei mir ist's warm, mein Kind.
Geb dir einen Taler,
koch dir ein Glas Tee.
Einen Emmentaler
essen wir selbander auf dem Kanapee.

Bleibst bei mir bis früh am Tag.
Geht dann jeder, wo er mag.
Ich zum Redaktöre,
du, wohin dich's treib.
Morgen küßt, ich schwöre,
dich mein guter Nachbar, mich des Nachbars Weib.

Gebt mir Schnaps

Gebt mir Schnaps, nach dem meine Seele lechzt!
Gebt mir Schnaps, nach dem meine Kehle krächzt!
Daß sich Friede an meine Schuhe binde!
Daß die verfluchte Qual endlich Ruhe finde! …
Wie es mir durch die Kehle gluckt!
Wie es mir in der Seele juckt!
Ich will kein Bier; – ich will keinen Wein!
Schnaps will ich! Schnaps will meine Pein! – –
Verliebter Igel, sauf! sauf! sauf! –
Morgen wacht alle Qual wieder auf …
Gebt mir Schnaps!

Mädchen mit den krummen Beinen

Mädchen mit den krummen Beinen,
wie dein Dackel schief im Gang,
glätte mir dein weißes Leinen.
Grade will dein Wuchs mir scheinen,
liegst du lang.

Deine Haut, die fleckig, kreidig,
dir verunziert Stirn und Wang,
rötet sich und wird geschmeidig
und dein Borstenhaar wird seidig,
liegst du lang.

Dein Organ ist wie der Spatzen
kreischend krächzender Gesang.
Komm auf schwellende Matratzen!
Wohllaut wird dein heisres Kratzen,
liegst du lang.

Armes Kind, nie kam ein Freier,
der dich auf sein Lager dang.
Komm zu mir zur Liebesfeier!
Mir schwillt Mut und Blut und Leier,
liegst du lang.

Rendezvous

Ich bin verdammt zu warten
in einem Bürgergarten
auf das geliebte Weib.
Nun sitz ich hier als Beute
gewissenloser Leute
mit breitem Unterleib.
Sie sind so froh beim Biere,
bald zwei, bald drei, bald viere –

und reden vom Geschäft.
Die Gattin spricht vom Hause,
die Töchter trinken Brause,
und Flock, das Hündchen, kläfft.
Die Kellnerinnen schwirren.
Die Tischgeschirre klirren.
Der Himmel scheint so blau.
Wie süß ist's doch, zu warten
in einem Bürgergarten
auf die geliebte Frau.

Weihnachten

Nun ist das Fest der Weihenacht,
das Fest, das alle glücklich macht,
wo sich mit reichen Festgeschenken
Mann, Weib und Greis und Kind bedenken,
wo aller Hader wird vergessen
beim Christbaum und beim Karpfenessen; – –
und groß und klein und arm und reich –
an diesem Tag ist alles gleich.
So steht's in vielerlei Varianten
in deutschen Blättern. Alten Tanten
und Wickelkindern rollt die Zähre
ins Taschentuch ob dieser Märe.
Papa liest's der Familie vor,
und alle lauschen und sind Ohr …
Ich sah, wie so ein Zeitungsblatt
ein armer Kerl gelesen hat.
Er hob es auf aus einer Pfütze,
daß es ihm hinterm Zaune nütze.

Liebesweisheit

Jeden packt einmal die dicke Liebe,
packt einmal die feiste Leidenschaft;
und sie dauert, bis zu dem Betriebe
eines Tags der heilige Fleiß erschlafft.
Mit der Tatkraft schwindet die Begeistrung.
Schwer- und Weh- und Übermut entschwebt,
trotz der schämigen Gefühlsverkleistrung,
welcher die Gewohnheit sich bestrebt.
Kritisiert wird, wo man sonst geschmachtet;
die Figur, der Zuschnitt des Gewands
wird mit nörgelndem Verdruß betrachtet –
des bislang geliebten Gegenstands.
Auch der Spendereifer ist geschwunden:
Früher war ein liebreiches Geschenk
mit entzücktem Opferstolz verbunden;
heute schmerzt es nur im Handgelenk.
Und die Hand, die sonst in weichen Wellen
glättend hinfuhr, wo sich zeigt ein Weh,
legt sich neuerdings in solchen Fällen
schwer und wuchtig auf das Portemonnaie.
Freund, hat dich gepackt die dicke Liebe,
und erfüllt dich feiste Leidenschaft – –
prüfe wohl, wann dir zu dem Betriebe
eines Tags der heilige Fleiß erschlafft.
Denn das ist die gottgewollte Stunde,
abzuschließen mit entschlossenem Schnitt,
wo als neuer Mensch zum ewigen Bunde
mit der Frau man zum Altare tritt.

28

Warum faltest du die Hände

Warum faltest du die Hände
daumendrehend dir im Schoß?
Warum turnst du an die Wände
mit den Augen, seelengroß?
Warum stocherst du die Zähne,
die doch rein und schmerzlos sind?
Warum zerrst du an der Mähne
deiner Fuchsfellboa, Kind?
Warum wühlst du in der Tasche,
die dir niederhängt vom Hals?
Warum spielst du an der Masche
deines wollgestrickten Schals?
Warum schiebst du auf und nieder,
schließt und öffnest deinen Gurt?
Warum drückst du an dein Mieder
den Geburtstagsbrief von Kurt?
Warum willst du plötzlich weinen,
denkst du doch an seinen Kuß?
Warum zuckst du mit den Beinen?
Warum stampfst du mit dem Fuß?
Jetzt ergießt im Tränenstrome
wild sich die Melancholie …
Liebes Kind, das sind Symptome
aufgelegter Hysterie.

29

Frühlingserwachen

Wieder hat sich die Natur verjüngt,
wieder sich mit frischem Stoff gedüngt,
und dem Moder wie den jungen Keimen
hat die Kunst zu malen und zu reimen.
Die Gebeine harren der Bestattung,
währenddem die Früchte der Begattung
fröhlich ins Bereich des Lebens ziehn –

insoferne sie soweit gediehn.
Viech- und Menschern heben sich die Büsen;
in den Bäumen quillt's und den Gemüsen.
Tief im Kern der Erde hat's gekracht:
Ja, der Früh-, der Frühling ist erwacht.

Füllet Wein in goldne Schalen

Füllet Wein in goldne Schalen,
daß die angstgescheuchten Seelen
wieder warmes Leben fühlen.
Schreckt sie auf aus ihren Qualen,
peitscht sie auf aus ihren Höhlen,
laßt sie Wein hinunterspülen
und laßt nicht die Speise fehlen.
Seht, da hockt's in dumpfen Schulen
unter Flüchen, Lärmen, Grölen,
unter Wimmern, Winseln, Heulen,
wälzt sich mit verkommnen Buhlen.
Hebt die Menschen auf, die fielen!
Ruft zu Taten auf die Faulen!
Schlagt hinein mit harten Keulen!
Laßt sie staunen, wenn sie maulen!
Ihre Wunden laßt verheilen!
Führt sie fort zu euern Zielen!
Laßt verstummen, die da johlen!
Macht sie froh wie muntre Fohlen,
die man freiließ von den Seilen!

30

Du gingst mit mir …

Du gingst mit mir. Der niedre Himmel drohte
und kroch geduckt von allen Seiten näher.
Am Wege lag ein Felsenhund, ein Späher
mit plattem Bauch und vorgeschobener Pfote.
Entglänzte Sterne stierten feucht und faul

und husteten aus alterssiecher Lunge.
Krankleuchtend aus zerfetztem Wolkenmaul
hing gelb der Mond, des Himmels geile Zunge ...
Du gingst mit mir. Fern gurgelte das Meer.
Dem Saum der Welt entglitten Feuerzeichen.
Wir fühlten feucht die Nachtluft uns umschleichen
und stapften vor der Angst des Lebens her,
auf unsern letzten Daseinsmut bedacht,
daß er das bleiche Graun des Spuks besiegte. –
Doch vor uns düsterte ein Baum zur Nacht,
der sehr bedenklich seine Wipfel wiegte.

Du hast mich fortgeschickt ...

Du hast mich fortgeschickt, und ich geh heim.
Die Gaslaternen blinzeln frech und schielen.
Im Rinnstein drängt sich dicker Straßenschleim.
Zufrieden tropfend gluckst es in den Sielen.

In einem Seitenweg verhallt ein Schritt,
leicht und beschwingt, als käm er vom Genießen.
Studenten torkeln mir vorbei zu dritt,
die Zeitungsblätter auf die Stöcke spießen.

Ich tu mir leid. Mein Schmerz stimmt mich vergnügt,
heißt mich auf alle Ärgernisse achten,
ob gegen dich sich draus ein Vorwurf fügt
und die, die im Kaffeehaus mit dir lachten.

Wart! Morgen sprechen wir uns schon dafür.
Mein Ingrimm wird sich zu entladen wissen. –
Da bin ich – öffne zögernd deine Tür –
und küsse weinend deine leeren Kissen.

Die uns scheiden, miß nicht die Meilen

Die uns scheiden, miß nicht die Meilen.
Die uns trennen, zähl nicht die Stunden.
Länder sind weit, Tage enteilen.
Wir bleiben verbunden.

Spiel nur, lustiger Musikante

Spiel nur, lustiger Musikante,
spielst du auch verkehrt.
Wer sein bißchen Glück nicht bannte,
war sein Glück nicht wert.

Streiche nur den Fiedelbogen
über deinen Baß.
Wem sein bißchen Glück verflogen,
merkt, daß er's besaß.

Fiedle, daß die Saiten springen
samt dem Instrument.
Glück läßt sich nicht wiederbringen,
wenn's von dannen rennt.

Und wieder tritt das Leben mir

Und wieder tritt das Leben mir
mit vorgestelltem Fuß entgegen,
und wieder reißt des Zufalls Gier
vom Munde mir mein Häppchen Segen.
Und wieder ist der Weg verbaut,
den meine Hände wühlend schufen.
Zum hohen Ziel, das ich geschaut,
weist mich kein Pfad, gehn keine Stufen.
Gott liebt den Menschen nicht, der frei

32

hinaufsteigt zu den Zukunftspforten.
Die Häscher seiner Polizei,
des Schicksals, lauern allerorten.

Hinter den Häusern heult ein Hund

Hinter den Häusern heult ein Hund.
Denn die Schatten der Nacht sind bleich und lang;
und des Meeres Herz ist vom Weinen wund; –
und der Mond wühlt lüstern im Tang.

Durch Morgennebel streicht hastig ein Boot,
die Segel schwarz, wie vom Tod geküßt.
Die Flut faucht salzig näher und droht ...
Bang knarrt der Seele morsches Gerüst.

Was ist der Mensch?

Was ist der Mensch? Ein Magen, zwei Arme,
ein kleines Hirn und ein großer Mund,
und eine Seele – daß Gott erbarme! –

Was muß der Mensch? Muß schlafen und denken,
muß essen und feilschen und Karren lenken,
muß wuchern mit seinem halben Pfund.
Muß beten und lieben und fluchen und hassen,
muß hoffen und muß sein Glück verpassen –
33   und leiden wie ein geschundner Hund.

Beschauliche Weisheit

Es stand ein Mann am Siegestor

Es stand ein Mann am Siegestor,
der an ein Weib sein Herz verlor.
Schaut sich nach ihr die Augen aus,
in Händen einen Blumenstrauß.
Zwar ist dies nichts Besunderes.
Ich aber – ich bewunder es.

Disput

Es kräht der Hahn auf seinem Mist.
Als Kanzelredner wirkt der Christ.
Auch äußert sich der Atheist.

Der Prediger betet früh und spät.
Der andre glaubt ihm nicht und schmäht.
Der Hahn steht auf dem Mist und kräht.

Der fromme Christ führt Gott im Mund,
der Atheist den Schweinehund.
Vom Mist der Hahn kräht Stund um Stund.

Der Christ hat einen Fluch getan.
Der Atheist denkt: Zahn um Zahn! …
Ich halt es mit dem Gockelhahn.

34

Ach, ihr Seelendreher

Ach, ihr Seelendreher,
ach, ihr Geisterseher,
kluge Psychologen!
Euch kommt angeflogen,
was wir nie ergründen:
unsre dunkeln Sünden,
unser Weh und Ringen,
unser Träumen, Singen,
unser Kämpfen, Gären
wißt ihr zu erklären.
Ihr kennt wohl Bescheid
tief in unserm Leid.
Ängsten uns die Hexen,
sprecht ihr von Komplexen.
Starren aus den Ecken
Fratzen, die uns schrecken,
quält uns Gott und Satan,
gleich rückt euer Rat an,
und prophetisch-pythisch,
psychoanalytisch
sucht ihr krumm und grade
unsre Seelenpfade.
Eure Worte alle:
eine Mausefalle,
uns mit Speck und Brocken
aus uns selbst zu locken.
Eure Lehrergesten
sollen die Gebresten
unsrer Seelen meistern. –
Dringt mit euern Geistern,
seid ihr noch so weise,
nicht in unsre Kreise!
Haltet euch bescheiden
hinter unsern Leiden!
35 Schleicht nicht wie die Diebe

uns in Haß und Liebe!
Sonst kann sich's begeben,
daß wir uns beleben,
daß sich unsre Hemmung,
Sperrung und Beklemmung
plötzlich eurer wehrt
und euch fliegen lehrt,
werte Psychologen,
in graziösem Bogen.

Der tote Kater

Warum schleicht der Bube Peter
mit gesenktem Kopf herum?
Warum feixt er? Warum geht er
nicht in das Gymnasium?
Was geschah mit ihm? Was tat er?
Seht, von einer Wäscheleine
schlenkert ein gewesener Kater,
senkrecht ausgestreckt die Beine. –
Schlenkert schon seit sieben Tagen;
Peters Blicke aber schleichen,
wo die Tat sich zugetragen,
wo es stinkt nach alten Leichen …
Was der Bube sich wohl dachte,
als er dieses scheu vollbrachte? –
Wollt er nur die Luft verstänkern?
Oder freut er sich am Schlenkern?

36

Erziehung

Der Vater zu dem Sohne spricht:
Zum Herz- und Seelengleichgewicht,
zur inneren Zufriedenheit
und äußeren Behaglichkeit
und zur geregelten Verdauung

bedarf es einer Weltanschauung.
Mein Sohn, du bist nun alt genug.
Das Leben macht den Menschen klug,
die Klugheit macht den Menschen reich,
der Reichtum macht uns Herrschern gleich,
und herrschen juckt uns in den Knöcheln
vom Kindesbein bis zum Verröcheln.
Und sprichst du: Vater, es ist schwer.
Wo nehm ich Geld und Reichtum her?
So merk: Sei deines Nächsten Gast!
Pump von ihm, was du nötig hast.
Sei's selbst sein letzter Kerzenstumpen –
besinn dich nicht, auch den zu pumpen.
Vom Pumpen lebt die ganze Welt.
Glück ist und Ruhm auf Pump gestellt.
Der Reiche pumpt den Armen aus,
vom Armen pumpt auch noch die Laus,
und drängst du dich nicht früh zur Krippe,
das Fell zieht man dir vom Gerippe.
Drum pump, mein Sohn, und pumpe dreist!
Pump anderer Ehr, pump anderer Geist.
Was andere schufen, nenne dein!
Was andere haben, steck dir ein!
Greif zu, greif zu! Gott wird's dir lohnen.
Hoch wirst du ob der Menschheit thronen!

37

Ich zog einmal ein liebes Kind

Ich zog einmal ein liebes Kind
in meine Mannesarme.
Da ward es ganz von Liebe blind
und frei von allem Harme.
Doch als ich eine andre nahm,
hat es sie schwer getroffen.
Es standen ihr vor Leid und Gram
die beiden Augen offen.
Und ward sie vorher nur gewahr

in meinem Kuß der Reinheit,
jetzt ward ihr plötzlich offenbar
nur Sünde und Gemeinheit.
O Mensch, vertrau den Menschen nicht
in liebevoller Blindheit.
Das Unheil schlägt dir ins Gesicht
mit seltsamer Geschwindheit.
Die Freuden fallen insgesamt
dir in das trübste Wasser.
Und wie mein Mädchen mich verdammt,
wirst du zum Menschenhasser.

Trostspruch

Das Schicksal kann den Körper prügeln,
kann mit Kandare, Sporen, Bügeln
den Fuß, die Hand, die Stimme zügeln. –
Der Geist steigt auf mit freien Flügeln
und lacht ins Tal von Wolkenhügeln.

38

Motto

Glaub nie, was in den Büchern steht.
Selbst sei dir Weiser, selbst Prophet!
Glaubst du, was alle Leute glauben,
dann glaube nicht, daß du was weißt.
Das Wissen nur kann niemand rauben,
das bei den Menschen Glauben heißt.

Produktion

Denk ich zurück an meine frühsten Wochen:
Ich sog an hochgeblähten Ammenbrüsten,
von guten Tanten liebevoll berochen,
die zahnlos schnalzend den Popo mir küßten.

Doch was ich dann in stiller Reflexion
in meiner Wiege Windeltuch verrichtet,
mich mühsam reckend mit gestrafften Beinen,
das ward – des Kindes ganze Produktion –
in Seifenzubern und an Wäscheleinen
hinweggespült, getrocknet und vernichtet …

Das Kind ward groß. – Das Unglück wollt's: es dichtet.
Nun stehn um mich die Hinzen und die Kunzen
und fühlen zum Bewundern sich verpflichtet –
und warten: wird der Pegasus nicht brunzen?
Doch was sich dann in stiller Reflexion
herausgequält und aufs Papier ergossen,
das lassen sie in hohlen Schädelfässern
verschmalzen, dann vertrocknen und verwässern –
und meinen dabei: So wird Kunstgenossen. – –
Mensch, hüte dich vor jeder Produktion!

Kracht der Topf in Scherben

Kracht der Topf in Scherben,
fliegt er auf den Dung.
Menschlein, du mußt sterben,
bist du noch so jung.
Blumen müssen welken,
und die Kuh verreckt,
die wir heut noch melken,
daß der Eimer leckt.
Steine selbst zerfallen,
Länderspur verwischt.
Ton und Klang verhallen,
und das Licht erlischt.
Welten gehn in Stücke
ohne Rest und Spur.
Ewig lebt die Tücke,
lebt das Unheil nur.

O Mitmensch, willst du sicher sein

O Mitmensch, willst du sicher sein
in deinem Treiben und Getue,
so schau in Nachbars Kämmerlein,
in Nachbars Bett, in Nachbars Truhe.
Und wie er's hält und wie er's macht,
richt deinen Wandel ein desgleichen,
auf daß der Nachbar in der Nacht
getrost darf in dein Zimmer schleichen.
So wirst du in der Sympathie
der Zeitgenossen wohl bestehen,
und niemand braucht als Schweinevieh
und Lumpen scheel dich anzusehen.
Nur das Besondere mißfällt,
das Eigne und Originale.
Ein kluger Mitmensch aber hält
sich allezeit an das Normale.

40

Ich möchte Gott sein ...

Ich möchte Gott sein und Gebete hören
und meine Schutz versagen können
und Menschenherzen zunichte brennen
und Seelenopfer begehren.
Und möchte Erde, Welt und All vernichten
und Trümmerhaufen über Trümmer schichten.
Dann müßte ein Neues entstehn –
und das ließ ich wieder vergehn.

Heilige Nacht

Geboren ward zu Bethlehem
ein Kindlein aus dem Stamme Sem.
Und ist es auch schon lange her,
seit's in der Krippe lag,
so freun sich doch die Menschen sehr
bis auf den heutigen Tag.
Minister und Agrarier,
Bourgeois und Proletarier –
es feiert jeder Arier
zu gleicher Zeit und überall
die Christgeburt im Rindviehstall.
(Das Volk allein, dem es geschah,
das feiert lieber Chanukah.)

Lebensregel

An allen Früchten unbedenklich lecken;
vor Gott und Teufel nie die Waffen strecken;
Künftiges mißachten, Früheres nicht bereuen;
den Augenblick nicht deuten und nicht scheuen;
dem Leben zuschaun; andrer Glück nicht neiden;
stets Spielkind sein, neugierig noch im Leiden;
am eigenen Schicksal unbeteiligt sein –
das heißt genießen und geheiligt sein.

Ewiges Diesseits

Löscht die Lichter aus auf den Altären!
Nicht in Kirchen und in Synagogen
sucht den Gott, noch hinter Himmelsschleiern.
Wo der Perlschaum quirlt auf Meereswogen,
wo der Wind kämmt über blonden Ähren
und im Bergschnee mögt ihr Andacht feiern.

Besser noch: am eignen Feuerherde,
in der Einung mit dem nackten Weibe
laßt euch heilige Weihe überkommen.
Wenn die Seele eins wird mit dem Leibe
und die Stunde zeitlos auf der Erde,
dann erzeugt ihr Gott in euch, ihr Frommen!

Alles keimt zugleich und blüht und schwindet.
Wenn ihr Wein trinkt, sollt ihr schon die Reben
für die neue Ernte reifen wissen.
Diesseits, irdisch ist das ewige Leben!
Was den Menschen an die Menschheit bindet,
wird von keinem Tode je zerrissen.

42

Gleichnisse

Jeden Abend werfe ich

Jeden Abend werfe ich
eine Zukunft hinter mich,
die sich niemals mehr erhebt –
denn sie hat im Geist gelebt.
Neue Bilder werden, wachsen;
Welten drehn um neue Achsen,
werden, sterben, lieben, schaffen.
Die Vergangenheiten klaffen. – –
Tobend, wirbelnd stürzt die Zeit
in die Gruft. – – Das Leben schreit!

Erwachen

Die großen Freuden, die mir in den Tiefen
von Träumen kaum bewegter Ahnung schliefen – –
sie tun die Augen auf und schaun mit Staunen
dem wachen Leben in die bunten Launen.
Die Welt ist schöner, als mein Träumen wußte,
ihr Licht ist heller, und ihr Sang ist lauter.
Lebendiger ist unter ihrer Kruste
das Leben, und ihr Atmen mir vertrauter. – –
Nun sinkt das Leid in meine Träume unter.
Im Glanz der Welt ist auch sein Bluten bunter.

Wenn mich dereinst in fernen Ewigkeiten

Wenn mich dereinst in fernen Ewigkeiten,
in einem andern, fremden, neuen Leben,
wo ich von mir und Menschheit nichts mehr weiß,
und nichts von fernen, längst vergangenen Zeiten – –

wenn dann aus dunkler, schwerer Sehnsucht leis
die Schatten dieses Daseins mich umschweben; – –
dann soll wie eine Ahnung diese Stunde
in meine Träume steigen, wo zur Nacht
ich Ewigkeit erfuhr aus Gottes Munde – –
wo ich gedichtet, was ich nie gedacht.

Verwirrt von dem Erlebnis dieser Tage

Verwirrt von dem Erlebnis dieser Tage
will ich zurück zu meinen Künsten fliehn.
Im stillen Rhythmus einer wehen Klage,
ein Neues, mag's in fremde Seelen ziehn.
Vielleicht steht irgendwo ein Unbekannter,
in dessen Tränen eine meiner gleicht – –
ein Trunkenbold des Leides, ein Verbannter,
·verwirrt von einem Glück, das floh. Vielleicht …

Sei's in Jahren, sei's schon morgen

Sei's in Jahren, sei's schon morgen,
daß das Glück sich wende:
einmal nehmen Leid und Sorgen
sicherlich ein Ende.

Mensch, vertraue deinem Wollen,
wirk es aus zu Taten!
Ströme fließen, Wolken rollen,
Frucht entkeimt den Saaten.

Über Nöten und Gefahren
wird die Freude thronen –
sei's schon morgen, sei's in Jahren
oder in Äonen.

44

März

Der Nachtschnee färbt die Straße blau.
Schwarz wächst der Wald am Weg empor,
streckt kahles Ästewerk hervor
wie drohende Wehr aus Feindesbau.

Wer hat den feuchten Schnee gehäuft?
Wer hat den Himmel grau verdeckt?
Wer hat den irren Fuß geschreckt,
daß er in lauernde Ängste läuft?

Das ist der März: der drückt und droht.
Das ist die Schwangerschaft der Welt.
Das ist, vom Frühlingsdunst zerspellt,
des Winters röchelnde Sterbensnot.

Der Glockenturm

Aus roten Dächern ragend strebt
der Kirchturm in den hellen Tag.
Von dunklem Erz die Glocke schwebt
in seinem steinernen Verschlag.
Und neben ihr hängt im Gestühl
ein Tau, vom Winde leis geschwenkt.
Kein Blick klimmt hoch und kein Gefühl.
Kein Mensch geht unten, welcher denkt,
daß dieses Tau in dem Gerüst,
von einer mutigen Menschenhand
geschlagen an der Glocke Rand,
das Volk zu Taten wecken müßt. –
Da starren sie, gelangweilt, kühl:
das Tau, die Glocke und der Turm.
Mein Sehnen nur steigt ins Gestühl
und läutet Sturm.
Und läutet, bis der Glöckner stumm

den Weg sich zum Gerüste bahnt
und alles gläubige Publikum
zum friedlichen Gebete mahnt.

Der Bahnhof

Die weite Halle dampft und faucht.
Aus schwarzen Schloten qualmt und raucht
der graue Atem geschäftiger Kraft,
und Lichter blinzeln und flammen.
Betriebsames Menschentum eilt und schreit;
in Hast und feindlicher Leidenschaft,
in dumpfer Sucht und Lebendigkeit
schlägt tönend das Leben zusammen.
Ums Glasdach windet gefesselter Rauch.
Die Schienen zittern und krachen.
Da schiebt – zwei Feuerfäuste vorm Bauch –
ins hohe Tor ein schwarzer Koloß –
der stöhnt aus blutigem Rachen;
er bläht die Nüstern, er schnaubt – und steht.
Aus seinem Leibe befreit sich ein Troß
armseliger Menschen. Die fluten dahin,
wo sonnenbeschienen das Leben geht,
wo der Nachbar träumt von der Nachbarin ...
In der weiten Halle ist Funkeln und Dampf
und Donnern und Rasseln und Fleiß und Kampf.

46

Nacht im Schwarzwald

Von schwarzen Bergwaldwipfeln überdacht,
im tiefen Pelz des Schnees fest zugedeckt,
gleichmäßig atmend ruht die Nacht.
Der Wasserfälle dunkles, stetes Rauschen
scheint Grüße mit dem Firmament zu tauschen.
Kein Laut sonst, der die Einsamkeit erschreckt.
Hier ist kein Kampf; hier ist des Friedens Schweigen ...

Mild glänzend durch den nächtigen Dämmer bricht
aus schwarzen, leicht beflockten Tannenzweigen
weihnachtlich eines fernen Häuschens Licht.
Dort wachen Menschen. – Sei's, daß eines Bauern
bigotte Sippschaft löffle ihren Brei,
daß es die Hütte eines Holzknechts sei;
mag weltscheu dort ein keuscher Beter kauern –
und hätte selbst zu tausend Märchenwonnen
ein Liebespaar sich hinterm Schnee versponnen:
Lug ist die Weltflucht, Lug der Friedensdom.
Aus mildem Lichte flackern Sklavenkräfte;
im lauten Tal wirkt Arbeitsschweiß den Strom,
den leuchtenden, aus donnernden Maschinen.
Der Eremit, das Liebespaar – auch ihnen
folgt, aller Andachtseinsamkeit zum Hohn,
auf ihre Höh'n die Fratze der Geschäfte,
der Not, des Unrechts und der Menschenfron ...
Ihr flüchtet, Narren, nicht in Nacht und Schnee
aus Elendswüsten, wo der Hunger keucht.
Der Lampenbirne freundliches Geleucht
verbindet euch mit allem Menschheitsweh. –
Helft von der Not der Arbeit Last befrei'n!
Wenn dann ein stilles Licht im Bergwald brennt,
dann wird es hell in euerm Tempel sein.
Das Menschenwerk, das freie Hände schufen,
wird, wie der Wasserfall zum Firmament,
47   zu euern Höh'n den Gruß der Täler rufen.

Überschwemmung

Wo der Schlangenweg der Bäche
sich durch braune Felder klemmt,
ist ein Wetter dreingefahren –
und wo Gras und Sträucher waren,
ist die weite Erdenfläche
grau und trübe überschwemmt.

Niedre Hütten, kalt umflossen,
ragen traurig aus dem See.
Abgerißne Bäume schwimmen.
Tränenfahle Frauenstimmen,
auf das Wasser hingegossen,
klagen Gott ihr Menschenweh.

Wo ein Hügelfeld den Fluten
trotzig ihre Schranke baut,
knien menschliche Gestalten,
welche Rosenkränze halten.
Christus mag noch einmal bluten,
daß das Wasser rückwärts staut ...

Doch die Arbeit ist vernichtet,
welche Menschenhand verrichtet.
Ehe Gott die Schwüre hört,
hat er Fleiß und Glück zerstört.
Mögen sie nun neu beginnen:
bauen, karren, ernten, pflügen;
mag der Schweiß von neuem rinnen ...
Wenn die Früchte wieder reifen,
wird der Reiche danach greifen
und den Armen drum betrügen. –

48

Menschen! Wollt ihr denn nicht fühlen?
Wo der Schlangenweg der Bäche
sich durch braune Felder klemmt,
laßt doch Wetter drüber spülen!
Freut euch, wenn die Frucht der Schwäche
Wasserflut von hinnen schwemmt!
Ob's euch Gott nimmt, ob der Reiche –
Menschen, ist's denn nicht das gleiche?

Lerchen schmettern mir den Morgengruß

Lerchen schmettern mir den Morgengruß,
und die laue Luft ist voll Gesang –
und voll Hoffnung setz ich meinen Fuß
schnell ins Feld. – Aber über mir bang
schwirrt ein Ton,
wie von Menschennot und Menschenqual –
wie von Menschenwerk um Brot und Lohn,
und es hämmert, klagt und klirrt wie Stahl.
Und mir ist, als summte in mein Ohr
wüste Hast und wirres Menschgetriebe,
und dazwischen klingt's ganz leise vor
wie ein ferner, ferner Gruß der Liebe. –
Ob ich ihrem Anblick auch entwich,
nimmer flieh ich Menschenwort und -tat …
Meinen ganzen Weg begleitet mich
tönend dieser Telegraphendraht.

49

Der Schornstein

Ein kleines gelbes Haus, plump überdeckt
von einem flachen Dach aus schwarzem Schiefer,
in dem ein klobig roter Schornstein steckt.
Unförmig klimmt aus dieses Schornsteins Bauch
ein dumpfer Lichtschein, eingepackt in Rauch,
der in der Luft verkriecht wie Ungeziefer. –
Ein Vogel macht sich aus dem Lichtschein los,
wächst rot zum Himmel, wächst – wird weltengroß,
durchzuckt die Nacht in grausiger Gebärde –
und blutet schwere, rote Angst zur Erde.

Der Torbogen

Dunkel und schwer quer über die Gasse
wölbt sich ein Bogen von Dach zu Dach,
stützt mit den Schultern die bröcklige Masse
bresthafter Häuser aus Mörtel und Fach.

Schwarz aus des Fensters gespenstischen Gittern
glotzt von des Torbogens Stirne die Nacht,
wirft mit Schatten, die züngelnd zittern,
höhnt den furchtsamen Wind und lacht;

knetet aus Finsternis grinsende Fratzen,
stößt sie den Menschen zum Schornstein hinein,
daß sie sich lagern auf ihre Matratzen
und sich umfassen mit kaltem Gebein.

Mann und Weib flüchten näher zusammen,
bannen die Angst in verzweifeltem Kuß …
Kinder werden von ihnen stammen,
die der Torbogen hüten muß.   50

Das Wasserrohr

Nachts braust ein hohles Rauschen an mein Ohr.
Schrill tönt mein Schritt, der banges Leben kündet.
Tief unterm Erdreich liegt ein Wasserrohr:
Weiß nicht, wo's herkommt – weiß nicht, wo es mündet.

So tief wie eine Ahnung rollt der Schall,
wie bange Märchen, die wir schaudernd träumen.
Mein Fuß erschrickt – und weiß, daß überall
tief unter meinen Wegen Wasser schäumen.

Kalender (1913)

Januar: Der Reiche klappt den Pelz empor,
und mollig glüht das Ofenrohr.
Der Arme klebt, daß er nicht frier,
sein Fenster zu mit Packpapier.

Februar: Im Fasching schaut der reiche Mann
sich gern ein armes Mädchen an.
Wie zärtlich oft die Liebe war,
wird im November offenbar.

März: Im Jahre achtundvierzig schien
die neue Zeit heraufzuziehn.
Ihr, meine Zeitgenossen, wißt,
daß heut noch nicht mal Vormärz ist.

April: Wer Diplomate werden will,
nehm sich ein Muster am April.
Aus heiterm Blau bricht der Orkan,
und niemand hat's nachher getan.

Mai: Der Revoluzzer fühlt sich stark.
Des Reichen Vorschrift ist ihm Quark.
Er feiert stolz den Ersten Mai.
(Doch fragt er erst die Polizei.)

Juni: Mit Weib und Kind in die Natur,
zur Heilungs-, Stärkungs-, Badekur.
Doch wer da wandert bettelarm,
den fleppt der würdige Gendarm.

Juli: Wie so ein Schwimmbad doch erfrischt,
wenn's glühend heiß vom Himmel zischt!
Dem Vaterland dient der Soldat,
kloppt Griffe noch bei dreißig Grad.

51

August: Wie arg es zugeht auf der Welt,
wird auf Kongressen festgestellt.
Man trinkt, man tanzt, man redet froh,
und alles bleibt beim Status quo.

September: Vorüber ist die Ferienzeit.
Der Lehrer hält den Stock bereit.
Ein Kind sah Berg und Wasserfall,
das andre nur den Schweinestall.

Oktober: Zum Herbstmanöver rücken an
der Landwehr- und Reservemann.
Es drückt der Helm, es schmerzt das Bein.
O welche Lust, Soldat zu sein!

November: Der Tag wird kurz. Die Kälte droht.
Da tun die warmen Kleider not.
Ach, wärmte doch der Pfandschein so
wie der versetzte Paletot!

Dezember: Nun teilt der gute Nikolaus
die schönen Weihnachtsgaben aus.
Das arme Kind hat sie gemacht,
dem reichen werden sie gebracht.

52

Kain

Eure geballten Fäuste schrecken mich nicht,
noch eure strengen, satzunggebundenen Ruten.
Ihr – ich erkenn es – seid die Gerechten und Guten,
und nur euch strahlt lächelnd das Sonnenlicht.
Speit mich an! Verachtet mich! Werft mich mit Steinen!
Zeigt euern Kindern mein häßliches Gottesmal!
Lehrt sie, daß ich ihn erschlug, den vortrefflichen Abel,
meinen Bruder, erkeimt an dem nämlichen Nabel!
Lehrt sie mich hassen, um meine Niedrigkeit greinen!
Heißt sie Gott fürchten und seinen Rachestrahl! ...

Ach, wie war er so fromm, so zufrieden und brav!
Betend kniet er inbrünstig vor Gottes Altar,
dankend des Herrn allumfangender Güte.
Aber ich, ein Zweifelnder ganz und gar,
sah, wie der Blitz in ragende Bäume traf,
sah junges Leben zerknicken in hoffender Blüte,
wanderte einsam und sann allem Werden nach. –
Und ich sah, wie der Bruder Reiser vom Strauche brach,
junge grünende Reiser vom sprießenden Strauch;
wie er sie zärtlich zum Scheiterhauf schichtete,
wie er ein unschuldig Lamm zur Opferstatt trug,
sah, wie aus Steinen ein Funk in das Reisigwerk schlug.
Auf zum Himmel stieg säulengrade der Rauch,
rot von der Glut, die zitternd die Erde belichtete.
Gräßlich hört ich des Lamms Blöken und Angstgeschrei. –
Abel, mein Bruder, sang freudige Lieder dabei.
»Sieh, wie mein Opfer gefällt!« rief er mir zu.
»Aufrecht lodert die Flamme zum Himmel.
Sieh! Siehe den Lohn! Dem Herrn sei ewiger Dank!
Sieh meine fetten Weiden, mein munteres Vieh! –
Deine Früchte sind welk, deine Lämmer krank.
Spende dem Schöpfer! Kain, opfre auch du!«– –
Da sah ich Abels Feld üppig in Ähren stehn
und seine Herde lustig im Grünen weiden.
Aber mein Acker war kahl und trocken und steinig.
Dürsten sah ich mein Vieh und Entbehrung leiden.
Kann es – so dacht ich – durch Gottes Ratschluß geschehn,
daß sich der Boden entsteint, daß das Wasser sich reinigt,
soll meines Feuers Rauch gleichfalls zum Himmel steigen.
Kann Gott Gnaden verleihen, mag er sie zeigen! –
Und ich sammelte mürbes Holz von der Erde,
weil ich den lebenden Zweigen nicht weh tun wollte;
und dann wählt ich aus meiner armseligen Herde
ein vom Leben zerbrochenes krankes Rind,
daß es der Schöpfer als Opfer empfangen sollte.
Schlafend lag es und träg. So stach ich es nieder,
trug's zum Altar und entflammte die trockenen Scheite.
Aber in meiner Kehle stockten die Lieder. –

53

Knisternd bog sich das Holz. Da erhob sich ein Wind,
fauchte mit boshaftem Zischen hinein in den Qualm.
Unförmig wälzte der dicke Rauch sich zur Seite
und erstickt' meines Ackerlands dürftigen Halm. –
Abel, mein Bruder, stand nahe und sah mich knien,
sah, wie mein glühendes Auge im Zorn sich weitete,
weil das Opfer, das ich dem Herrn bereitete,
nicht wie seines hinauf in den Äther drang,
sah den schlängelnden Rauch sich kriechend verziehn.
»Kain«, rief er, »mir ist um deine Seele bang.
Bessere Opfer mußt du dem Gotte bringen!
Lieder des Danks und der Freude mußt du ihm singen!
Junge Zweige mußt du vom Strauche brechen!
Junge, gesunde Lämmer mußt du Gott schlachten!
Junges, warmes Blut muß himmelwärts dampfen!
Aus deinem Reichtum mußt du zu opfern trachten!
Wenn sich die Menschen dem Herrn zu trotzen erfrechen,
wird er sie richten und ihre Saaten zerstampfen!«
Auf sprang ich da und griff an die Gurgel dem Spötter.
Winselnd wand sich der Qualm im Sturmesgeheule.
»Junges Blut will dein Herr? – So soll er es haben!
Folge du nach deinen wohlgefälligen Gaben!
Grüß mir mein armes Rind! – Und grüß deine Götter!« –
Und ich erschlug den Bruder mit wuchtender Keule. –
Mächtig dehnte sich meine Brust, und ich hob
gegen den Himmel die Faust und schwenkte sie drohend.
Doch aus der Opferglut, die gewirbelt stob,
riß der Sturm einen Splitter und jagte ihn lohend
mir an die Stirn. Ich sank mit furchtbarem Schrei,
daß ich im weiten Umkreis die Menschen weckte,
nieder. Es schrien die Rinder. Der Himmel dröhnte
donnernd, während im Staube die Glut verreckte. –
Aber schon eilten jammernde Menschen herbei.
Ich entfloh, von Schmerzen gehetzt, daß ich stöhnte.
Hinter mir gellten die Racheflüche der Hirten.
Alle verlangten den Brudermörder zu steinigen,
mich zu entsetzlichem Tode langsam zu peinigen.
Vorwärts stürzte mein Fuß, daß die Felsen klirrten …

54

Immer noch flieh ich dem Zorn der Menschengemeinde.
Unstet und rastlos irr ich von Ort zu Ort.
Doch mein Mal an der Stirn, vom Scheite gebrannt,
allüberall verrät's mich dem lauernden Feinde.
Allüberall treibt mich sein Racheruf fort.
Von den Stätten der Menschheit bin ich verbannt.
Darbend fahr ich durchs Land, vogelfrei.
Doch, wo ein Rauch sich senkrecht zum Himmel hebt,
wo zufriedene Menschen sich dankbar beugen –
ah! – da schleich ich mit krummem Rücken vorbei,
kralle die Hand, die vom Blute des Bruders klebt,
heiße mein Feuermal gegen die Menschheit zeugen! –
Opfert ihm nur, dem Gott der Gerechten und Guten,
der eure Hütten mit köstlichen Früchten füllt,
der euern Leib mit wärmenden Fellen umhüllt!
Junge Lämmer laßt ihm zum Preise bluten!
Danket für euern Reichtum dem Gotte der Reichen!
Und verschließt vor dem Hunger des Armen die Scheuer!
Wen Gott haßt, den mögt ihr richten als Schlechten!
Was euer Gott auf den Feldern gedeihen läßt, ist euer!
Ihr nur seid wert, dem Ebenbild Gottes zu gleichen!
Aber auf mich ergieß sich der Zorn der Gerechten! – –
Kommt! Ich fürcht mich nicht mehr! Hier steh ich zum Kampf!
Eure geballten Fäuste schrecken mich nicht!
Brudermörder ihr selbst – und tausendfach schlimmer!
Aus euerm Scheiterhauf raucht meines Herzbluts Dampf.
Trag ich so gut als ihr nicht Menschengesicht?
Aufrecht steh ich vor euch und fordre mein Teil! …
Gebt mir Freiheit und Land! – Und als Bruder für immer
kehrt euch Kain zurück, der Menschheit zum Heil!

Moses

Und Moses blickte ins Gelobte Land
und sah es süß von Milch und Honig triefen
und sehnte sich vom Berge in die Tiefen,
wo Israel, sein Volk, die Heimat fand.

Und Boten trugen Ähren her und Wein.
Kundschafter priesen Saaten, Land und Flüsse,
und Jubel gab's im Volk und Tanz und Küsse –
und Moses sah's und durfte nicht hinein.

Da beugt er sich zu brünstigem Gebet
und sprach zu Gott: »Du hast mich hart getroffen.
Des Menschen Himmel ist allein sein Hoffen.
Doch wehe, wem ein günstiger Wind sich dreht!

Der du den Lebenden die Sehnsucht gabst,
nie wieder täusch den Schwärmer, der dir traute.
Den Trank, der sich aus Schaum und Träumen braute,
gieß ihn nicht aus, eh du den Durstigen labst.

Gott, hüt dich, daß der Mensch sich nicht empört!
Wo Funken glühen, schüre sie zu Flammen!
Wo Herzen lieben, führe sie zusammen!« –
Und Moses starb. – Gott hat ihn nicht erhört.

Golgatha

Gebeugte Menschen mit stumpfem Blick
hocken in dumpfen Spelunken –
den Neid im Auge, die Not im Genick,
von elendem Fusel trunken.
Da tönt eine Stimme von außen herein:
»Kopf hoch! Ihr seid nicht verloren.
Ich füll eure Becher mit goldenem Wein.
Auch euch ist der Heiland geboren.
Heraus ins Freie und folgt mir nach,
wo Schätze liegen!«
Die Stimme des Mannes, der also sprach,
hat plötzlich geschwiegen.
Ein Scherge führt ihn gefesselt fort.
Den Menschen aber da drinnen
klingt seiner Rede lockendes Wort

wie ferner Traum in den Sinnen.
Sie senken den Kopf auf des Tisches Brett
und trinken mit heiserem Lachen …
Ein Jude zog aus von Nazareth,
die Armen glücklich zu machen.

Ich weiß von allem Leid …

Ich weiß von allem Leid, fühl alle Scham
und möchte helfen aller Kreatur.
Der Liebe such ich aus dem Haß die Spur,
dem Menschenglück den Weg aus Not und Gram.
Den Trostbedürftigen geb ich Wort und Rat,
den Haltbedürftigen reich ich meine Hand.
Doch keiner war noch, der mein Wort verstand,
und keiner, der die Hand ergriffen hat.
Ich weiß vom Leide nur, fühl nur die Scham –
und kann doch selber nicht Erlöser sein,
wie jener Jesus, der die ganze Pein
der Welt auf seine schwachen Schultern nahm.

Ich wollt das Lied des Herzens nicht verschweigen

Ich wollt das Lied des Herzens nicht verschweigen.
Ich wollt es jubelnd zu den Menschen schmettern,
die bleich am Baume der Erkenntnis klettern,
das Glück vermutend in den kahlen Zweigen.

Ich wollt sie rufen zu den breiten Küsten,
an die des Meeres Wellen silbern schlagen.
Ich wollt sie lehren leichte Schultern tragen
und freien Sinn in übermüt'gen Brüsten.

Ich stoß ins Horn. Noch einmal. – Doch ich staune:
die Menschen lachen, die ich wecken wollte,

als ob ein Mißton in die Lüfte rollte. –
Es muß ein Sandkorn sein in der Posaune.

Noch geb ich nicht den Sieg verloren

Noch geb ich nicht den Sieg verloren.
Mein Blut drängt vor durch Rauch und Schlacht,
steht auch die ganze Welt verschworen
mit Satans ganzer Höllenmacht.

Des Feinds vergiftete Geschosse
umschwirren meine Seele wild.
Jedoch der Mut ist mein Genosse,
und meine Liebe ist mein Schild.

Und ruht der Kampf in fernen Stunden
und Friede kehrt ins Herz mir ein,
dann werden meine heiligen Wunden
das Mal beglückter Menschheit sein.

Testament

Nein, ich will nicht eher zu Grabe,
eh ich nicht auch die letzten Sprossen
irdischen Glückes erstiegen habe,
eh ich das Leben nicht ganz genossen;

eh ich nicht alle Frauen umschlungen,
die mich durch meine Träume begleiten,
eh ich nicht alle Lieder gesungen,
die sich in meinem Herzen bereiten;

eh ich nicht alle Werke gestaltet,
die sich dem schaffenden Geist entbinden,
eh ich der Führerpflicht nicht gewaltet,
daß die Menschen ihr Wegziel finden;

eh ich nicht fröhliche Augen sehe,
die von Erhebung und Stolz verjüngt sind,
eh ich nicht über Äcker gehe,
die statt mit Tränen mit Freude gedüngt sind.

Nimmt der Erlöser dann und Vernichter
von meinen Tagen die lastenden Ketten,
sollt ihr den seligsten Menschen und Dichter
tief in befreites Erdreich betten.

Gesichte

Es raschelt gleich dem Geistern einer Fledermaus
im Nachtwind, der gefallnes Laub bestattet –
und in den Lüften wispern totumschattet
des Nebels Stimmen: Not und Haß und Graus
verkünden Blut.

Es kreist der Erde höllenträchtiger Bauch,
sich platzend zu befrei'n von mörderischen Wehen,
zu löschen nicht – nein, zu entflammen rote Glut. –
Spritz aus, gedunsener Schlauch,
spritz aus die Tat! Die Welt verdurstet nach Geschehen …
Gespenster ziehn. Ich wittre in die Zukunft schreiten
Herolde mächtiger Begebenheiten.

60

Nun flammt das Feuer auf ...

Nun flammt das Feuer auf, das immer gor,
das nie ersticken wollte, noch erkalten,
und reckt wie schwörend seine Faust empor
und zeichnet zitternd lichte Glutgestalten.

Und prasselnd sinkt der Reisigbau zusammen,
den heilige Einfalt emsig aufgeschichtet.
Den mürben Staub, das morsche Holz vernichtet
die reinigende Glut der freien Flammen.

Heiß steht der Herd – und stetig ist sein Licht.
In schwarzes Nichts zerflattern die verscheuchten
Rußflocken. – Aber aus dem Feuer bricht
ein weißer Schein, ein ernstes, heiliges Leuchten.

Nach all den Nächten, die voll Sternen hingen

Nach all den Nächten, die voll Sternen hingen,
nun diese dumpfe, trübe, nasse Nacht,
als wär die Arbeit aller Zeit vollbracht
und niemals wieder Hoffnung auf Gelingen.

Wohin die Schritte weisen, da das Ziel
ertrank im nebeligen Grau der Wege?
Ich such nur noch, wo ich mich niederlege,
den stillen Platz. Verloren ist das Spiel.

Ich höre vieler Menschen Schritte tasten –
verirrte Menschen, einsam, müd und arm –
und keiner weiß, wie wohl ihm wär und warm,
wenn wir einander bei den Händen faßten.

Der Mahner

Wo bleibt ihr nur, Genossen meiner Zeit?
Ich schau zurück und kann euch kaum noch sehn.
Ein wirres Stimmentosen hör ich weit,
weit hinter mir und kann es nicht verstehn.

Ich ruf euch zu, doch euerm Echo fehlt
der Laut, der rein aus meiner Stimme klingt.
Ich wink euch her. Doch ihr, wie unbeseelt,
horcht tauben Ohrs, ob euch ein Stummer singt.

Vergebne Zeichen! Aus den Zähnen pfeift
mißtönig euer ärgerlicher Spott.
Kommt nie die Zeit, da ihr die Zeit begreift?
Tritt nie aus finstern Kirchen euer Gott?

Verhüllt der Himmel und die Welt

Verhüllt der Himmel und die Welt
in Nebel grau und schicksalsbang.
Der gelbe Mond geht seinen Gang,
dem Schutzmann gleich, der Wache hält.
Im trüben Schein des Straßenlichts
find ich den Heimweg gramgewohnt.
Weiß noch vom reichen Leben nichts,
hab all mein Leid noch nicht entthront.
Doch wie der Schleier über mir
den Schicksalsstern noch grau verhängt,
so fühl ich, krank von Lebensgier,
wie auch mein Stern zum Lichte drängt.
Ob Tod, ob Weltenuntergang –
ob Leben werden soll und Tat:
Ich weiß, daß eine Schale sprang
und daß die Frucht der Reife naht.

62

Balladen

Die drei Gesellen

Es war einmal ein Zimmergesell,
ein arger Gesell, ein schlimmer Gesell,
der ließ kein Weib in Ruh.
Er nahm, was in den Weg ihm kam,
ob grad, ob krumm, ob heil, ob lahm,
und wär's ein Holzgestell.

Sein Nachbar war ein Bäckergesell,
ein frecher Gesell, ein kecker Gesell,
und aller Mädchen Freund.
Ob schwarz, ob blond, ob rot, ob braun,
er brauchte sie nur anzuschaun,
sie kamen auf der Stell.

War beider Freund ein Brauergesell,
ein kluger Gesell, ein schlauer Gesell,
doch möcht ihn keine Maid.
Setzt er sich eine in den Kopf –
sie hängt – verloren Malz und Hopf! –
ihm um die Narrenschell.

Und war da eine Wäschemamsell,
eine muntre Mamsell, eine fesche Mamsell,
die liebten alle drei.
Der Zimmrer hat sie sich geholt,
den Bäcker hat sie selbst gewollt,
beim Brauer lacht sie hell:

»Was fällt dir ein, du dummer Gesell,
du öder Gesell, du krummer Gesell,
wirst nimmermehr mein Mann.
Du hast ja Warzen im Gesicht

und einen Wanst – dich mag ich nicht.
Geh heim und troll dich schnell!«

Da sprach der Brauer: »Warte, Mamsell,
du bist mir keine zarte Mamsell,
wirst doch noch meine Frau.«
Und ging nach Haus und braut ein Bier,
das wär zu stark gewesen schier
dem Teufel in der Höll.

Dem Zimmrer tät er winken: »Gesell,
komm her zu Bier und Schinken, Gesell!«
Den Bäcker rief er auch.
Drauf säuft er die zwei Freunde ein.
Verschliefen jeder drei Stelldichein
bei ihrer Wäschemamsell.

Die kam gerannt: »Ach, Brauergesell!
Ich bin gar sehr voll Trauer, Gesell!
Komm her und sei mein Schatz!«
Da liebten die beiden sich himmelhoch.
Der Zimmrer, der Bäcker, die schnarchten noch
besoffen auf ihrem Fell.

Meta und der Finkenschafter

Herr Kunze stand als Hausverwalter
in Lohn bei einem Häuserwirt,
und seine Tochter in dem Alter,
wo so ein Mädchen liebend wird.

Er war ein Witmann, sie war Waise,
seitdem Frau Kunze jüngst entschlief;
sie teilten sich ihr Amt, wenn leise
des Nachts des Hauses Klingel rief.

Doch nach und nach ergab Herr Kunze
sein Witwerherz dem Alkohol
und überließ die Pförtnerfunze
der Tochter samt des Hauses Wohl.

Er schlief so fest als wie ein Igel;
doch Meta, denn so hieß das Kind,
schob treu besorgt des Tores Riegel
für Herrschaft sowie Hausgesind.

Erst fünfzehn und noch unerfahren
erwuchs sie neben dem Portal.
Herr Kunze meint: in ihren Jahren
hat's Zeit noch, sie erfährt's schon mal.

Und sie erfuhr's nur wenig später,
und, wie so oft, auf schlimme Art.
Die Mütter sterben, und die Väter
versaufen Pflicht und Gegenwart.

Es wohnte dort in Aftermiete
im Bodenstübchen ein Student –
ein Finkenschafter, Halbsemite,
rothaarig, mit Kritiktalent.

Der hatte einmal schon beim Scheuern
das gute Mädchen angegrinst.
Doch deucht ihn, nächstens zu erneuern
die Freundlichkeiten, sei Gewinnst.

Nun hatt er freilich zu dem Schlosse
den Schlüssel, so wie jedermann
als zahlungsfähiger Hausgenosse
ein solches Möbel fordern kann.

Doch einst in seines Nachttischs Lade
vergaß er ihn mit Vorbedacht,

trank mit den Finken Limonade
und redete die halbe Nacht.

Er sprach von den sozialen Pflichten,
verwarf den Zweikampf voller Hohn,
und ihm begeistert beizupflichten,
versäumte kein Kommiliton.

Dann trennt man sich mit Händedrücken,
auch unser Studio ging nach Haus,
und unterwegs sann er die Tücken,
die ihn beseelten, einzeln aus.

Dann riß er an des Hauses Glocke
um fünf Minuten nach halb drei,
und Meta kam im Unterrocke,
zu sehn, wer es so spät noch sei.

»Verzeihn Sie«, so begann der Bube,
»die Störung, teuerste Mamsell.
Denn ich vergaß in meiner Stube
versehentlich den Hausschlüssell.«

Und während er die Zähne fletschte
aus falscher Liebenswürdigkeit,
nahm er den rechten Arm und quetschte
ihn um den Leib der jungen Maid.

Zwar wehrte sie sich erst des Bösen,
doch zog er ein Fünfmarkstück vor,
begann ihr vorn das Hemd zu lösen
und küßte sie aufs linke Ohr.

Nun könnte man mit Recht erwarten,
er trüg sie in sein Kabinett.
Spielt dort sein Spiel mit offnen Karten,
ein ehrlich Liebesspiel im Bett.

Dann hätte sie mit fünfzehn Jahren
geliebt, und das ist nicht zu jung,
und tat ihm ewiglich bewahren
die dankbarste Erinnerung.

Jedoch der rote Finkenschafter
zog sie im Hausflur nackend aus
und riß aus einem Brennholz-Klafter,
der dalag, einen Scheit heraus.

Den ließ er lichterloh entflammen,
und selbst entblößt – so gut wie ganz –
vollführt er mit dem Kind zusammen
um diese Fackel einen Tanz.

Dann rief er aus: »Ist dieser Fetisch
nicht edler als die Sinnenlust?
Mein Kind, o bleibe stets ästhetisch!« –
Und griff ihr an die weiße Brust.

Und ohne ihr Gefühl zu kennen,
löscht er die Glut, die er entfacht,
ließ nur den Scheit zu Ende brennen
und wünscht ihr trocken gute Nacht.

Doch Meta blieb zurück und weinte
und staunte dessen, was sie sah;
sie wußte nichts, wiewohl sie meinte,
daß nicht genug mit ihr geschah.

Dann nahm sie ihre paar Gewänder
und ging zu Bett, doch schlief sie nicht.
Sie dachte nur an ihren Schänder
und an sein rotes Bocksgesicht.

Besudelt blieb ihr ganzes Leben,
vergiftet war ihr reiner Sinn,

sie wollt sich nur ästhetisch geben
und wurde Frauenrechtlerin.

Nur einmal hatte sie für Liebe
fünf kümmerliche Mark erwischt,
doch waren dabei ihre Triebe
mit dem Scheit Holze aufgezischt.

O kommt mir nicht mit euerm keuschen
ästhetisch lüsternen Gegrein.
Ein liebes Mädchen zu enttäuschen,
vermag in Wahrheit nur ein Schwein.

Das kleine Mädchen

Am Wege ohne Falsch und Bös,
noch kindlich im Gewand
und erst seit kurzem amourös,
ein liebes Mägdlein stand.
Um Ohr und Schläfe quoll das Haar
in bräunlichem Gelock,
und senkrecht wuchs das Beinepaar
aus dem karierten Rock.
Ihr dunkles Auge spähte rasch
die Straße quer und lang,
ob's einen Männerblick erhasch,
flog auf und nieder bang.
Und kam des Weges ein Kommis
und sah die Kleine stehn,
dann ward sie rot, dann zittert sie
vom Kopf bis zu den Zehn.
Doch wenn geziert ein feiles Weib
an ihr vorüberstrich,
dann schütterte der junge Leib
vor Neid und straffte sich.
Am Spätnachmittag ging sie heim;
ein schwerer Schatten fiel.

Sie fand der Sehnsucht keinen Reim,
dem Herzensdrang kein Ziel.
Und mit den Eltern saß zu Haus
sie um den Tisch herum,
da schämt sie sich die Augen aus
und wußte nicht, warum.
Doch erst, wenn es in dumpfem Takt
vom Kirchturm schlug zwölf Uhr,
dann stand sie vor dem Spiegel nackt
und drehte die Figur.
Es flog der Puls, der Atem dampft,
und wütend war die Faust
um die gestraffte Brust gekrampft,
in der es gor und braust.
Dann kam der Schlaf, der drückte sie
mit Träumen schwer wie Blei,
er führte Hure und Kommis
im wilden Tanz vorbei.
Und alle Sehnsucht dreht und wand
sich mit im Walzerkreis.
Die Morgensonne kam und fand
das Kind im Fieberschweiß.
Doch vor und nach dem Mittagsmahl
da stand sie wieder dort,
wo sie den Träumen Nahrung stahl,
und wollte nimmer fort.

– – – – – – – – – – – – – – – –

Das Leben floß. Doch ein Gebet
trat auf die Lippen ihr:
»O Gott, schick einen, der dort geht,
schick einen doch zu mir!
O nahm mich einer mit Gewalt!«
So hat sie stumm geklagt.
Sie war erst dreizehn Jahre alt,
und keiner hat's gewagt.
Mit fünfzehn war sie blaß und bleich,
war müde und verblüht
und hat sich um das Himmelreich

des Glücks nicht mehr bemüht.
Und als sie siebzehn Jahre war,
da kam ein Pharmazeut,
der führte sie zum Traualtar.
Wie das die Eltern freut!
Vier Kinderchen zeugt er mit ihr,
so ging die Zeit herum.
Die Kinder wurden alle vier
gesund, vergnügt und dumm.
Die gute Mutter blieb dem Mann,
dem eh'lichen Gemahl,
so treu wie's nur verlangen kann
die sittsamste Moral.
Nur manchmal, wenn der Bettgenoß
laut schnarcht, stand sie voll Leid
am Wege, wo das Leben floß –
im kurzen Mädchenkleid.
Dann hat sie's andern Tags gespürt,
als ob ein Fehl sie reut:
Der einzige, der mich je berührt,
ist dieser Pharmazeut!

Kleiner Roman

Sie lernte Stenographin.
Er war Engros-Kommis.
Im Speisewagen traf ihn
ein Blick. Er liebte sie.

Auf einer Haltestelle
brach man die Reise ab,
woselbst er im Hotelle
sie als sein Weib ausgab.

Nicht viel, das man sich fragte.
Doch küßten sie genug.

Und als der Morgen tagte,
ging schon der nächste Zug.

Nach einer kurzen Stunde
fand ihre Fahrt den Schluß.
Er nahm von ihrem Munde
noch einen heißen Kuß.

Er sah sie schnupftuchwinkend
noch stehn zum letztenmal,
und in sein Auge blinkend
sich eine Träne stahl.

Er soll sie heut noch lieben.
Sie war so drall und jung.
Ihr ist ein Kind geblieben
und die Erinnerung.

71

Amanda

Niemals ist es zu empfehlen,
daß sich eine Maid, die liebt,
ohne ihm sich zu vermählen,
einem Mann zu eigen gibt.

Hat sie aber doch verleugnet
einmal alle Konvention,
macht sie ja sich ungeeignet
vorher für der Liebe Lohn.

Denn die Männer sind doch schließlich
Leute, denen nicht zu traun,
und die Folgen sind verdrießlich
ganz alleine für die Frau'n.

Laßt euch einen Fall berichten,
wo dies klar zutage tritt,

und wer Töchter hat und Nichten,
sei durch ihn gewarnt hiemit.

Eine Maid hat er betroffen,
die stets keuschen Sinn bewies,
die das Beste ließ erhoffen
und die nur Amanda hieß.

Doch als Leid auf Leid sich häufte,
ward zuletzt sie so bedrängt,
daß sie erst ihr Kind ersäufte
und sich selber dann erhängt.

Einem Mann nur war's gelungen,
der Verführten sich zu freun;
doch sie hat sich ausbedungen,
daß er sie zum Lohn sollt frei'n.

Und so harrte sie der Heirat,
doch als sie die Zeit fühlt nahn,
da entschwand auf einem Zweirad
jäh der saubere Galan.

Und es kam die schwere Stunde,
die sie ganz alleine fand,
wo mit kummervollem Munde
sie sich unter Schmerzen wand.

Wie die Liebe selbst beseligt,
ihre Folge tut es nicht,
und zumal, wenn unverehlicht
eine Jungfrau Kinder kriegt.

Denn die Welt find't das nicht schicklich,
und Amanda floh die Welt.
Ach, ihr Los war unerquicklich – –
und besonders ohne Geld.

Ganz geheim und beistandsohne,
unter Wimmern und Gekrächz,
gab sie's Leben einem Sohne – –
und zwar männlichen Geschlechts.

Ihre Stunde war vorüber
und verhallt der grause Schrei.
Ach, sie wollte wahrlich lieber
draufgegangen sein dabei.

Erst noch war sie sehr erschüttert,
und der Tränen manche floß,
aber dann ward sie erbittert
auf den schnöden Bettgenoß,

welcher sie im Stich ließ meuchlings
ohne Geld und Unterhalt.
Wütend um den Arm des Säuglings
war Amandas Faust gekrallt.

Wovon soll ich dich nun kleiden
und womit dich pflegen, Kind?
Sage mir, wo ich uns beiden
Bleibe, Kost und Wartung find!

Menschen, fremd und angehörig,
stoßen mich von ihrer Tür – –
sagen, eine Hure wär ich.
Kind, mein Kind, was machen wir?

Doch das Kind mit bleichem Munde
schrie, jedweder Antwort bar,
was ja anders auch im Grunde
nicht wohl zu verlangen war.

Und Amanda von dem Lager
hob sich auf mit Weh und Ach –

und sie sah sich wieder mager –
doch sie war noch äußerst schwach.

Ihre Mutterlieb erwachte.
Zärtlich nahm sie auf den Arm
ihren Sprößling, küßt ihn sachte
und preßt dann ihn an sich warm.

Und sie hüllt das Kind in Decken,
trug es an den Ort erregt,
dessen sonst zu andern Zwecken
man sich zu bedienen pflegt.

Sagte: In ein beßres Leben
sollst du jetzt, mein Liebling, gehn! –
Tat ihm auch die Brust noch geben.
Rührend war es anzusehn.

In den Trichter, erst das Köpfchen,
steckte sie's – o grausig Los! –
drückte dann aufs Messingknöpfchen,
bis das Wasser sich ergoß.

Und sie sah in tausend Ängsten,
wie sich's durch den Trichter wand.
Einen Zeh sah sie am längsten,
bis auch der zuletzt verschwand.

Einmal hörte sie's noch glurksen,
dann ward's stille nach und nach – –
und um selbst sich abzumurksen,
ging sie in ihr Schlafgemach.

Denn in ihrem großen Kummer
wollt sie sterben ebenfalls,
und so legt sie sich zum Schlummer
eine Schlinge um den Hals.

Als man sie des Morgens weckte,
fand man sie als Leichnam nur.
Aber wo der Säugling steckte,
davon fand man keine Spur.

Also starb Amanda Klopfer –
– dieses war ihr Vatersnam –,
sie, die als der Liebe Opfer
um ihr bißchen Leben kam.

Schuld an ihrem Mißgeschicke
hatte auch die Konvention,
und zumal in seiner Tücke
ihr Galan, der Schandpatron.

Und das Geld, das schon so viele
hoffnungsvolle Leben fraß,
war auch wieder hier im Spiele,
weil sie eben keins besaß.

Wär Amanda eine reiche
Dame, hätt sie der gefreit –
und des Kinds und ihre Leiche
lebten sicherlich noch heut.

Adelgunde

Die Liebe ist was Süßes zwar,
doch schlägt sie manche Wunde;
dies nahm am eignen Leibe wahr
die Jungfrau Adelgunde.
Bedenklich ist's insonderheit,
steht liebevolle Zärtlichkeit
mit Unbedacht im Bunde.

Sie, die aus gutem Hause war,
war gleichwohl etwas luftig.

Ein Mann nahm diesen Umstand wahr,
und der betrug sich schuftig.
Er warb, wie's so zu gehen pflegt,
um Adelgunden unentwegt.
Ihr Körper roch so duftig.

Er hieß mit Namen Theodor
und war von Stand ein Schlosser.
Die Brust wölbt sich ihm breit hervor,
von Kräften überfloß er.
Gestützt auf seine Lendenkraft,
hat Adelgunden er errafft.
Die Lieb ins Herz ihr goß er.

Zwar sträubte sie sich lange Zeit
mit Händen und mit Füßen.
Doch endlich fand sie sich bereit,
die Tugend einzubüßen.
Seitdem im Bann der Liebesmacht,
ließ sich die Jungfrau Nacht für Nacht
den holden Schlaf versüßen.

Doch gar zu tief hat Adelgund
enthüllt, was an ihr weiblich,
und eines Tages tat sich kund,
sie liebten sich zu leiblich.
Ein Unwohlsein macht ihr bekannt
den Fall, in dem sie sich befand –
ihr Schmerz war unbeschreiblich.

Der Theodor jedoch bedacht
des Abenteuers Kosten
und drückte sich in stiller Nacht
von ihres Bettes Pfosten;
und mocht es auch verwerflich sein,
er ging nach Haus und schlief allein
und ließ die Liebe rosten.

Bei solchen Schenkeln hat sogleich
sich anderwärts beweibt er.
Das Mägdlein aber wurde bleich
und jeden Tag beleibter.
Sie lief vom Fenster bis zur Tür
und jammerte nur für und für:
Mein Theodor – wo bleibt er?!

Auf ihren Lippen dieses Wort,
so harrt sie Stund um Stunde.
Inzwischen wuchs ihr fort und fort
der Körper in die Runde.
Und eines Tages war's soweit,
ein kluges Weib kam hilfsbereit
zur armen Adelgunde.

Die aber schrie vor Schmerz und Zorn,
daß alles ringsum krachte,
und grämte sich um Theodorn,
was sie bewußtlos machte.
Und daher sah sie nicht genau,
was unterdes die kluge Frau
ans Licht der Erde brachte.

Ein Knäblein war es allerliebst,
das sich dem Leib entwunden.
Das strampelte im Bett und piepst
und weckte Adelgunden.
Jedoch von Schmerzen übermannt,
hat sie die Lage kaum erkannt
und drum nicht schön gefunden.

Gleich wieder das Bewußtsein schwund.
Da spritzt die Hebemuhme
sie auf die Stirn und auf den Mund
mit kölnischem Parfume.
So ward sie wiederum bewußt.

Jedoch es stach ihr in der Brust
wie eine dornige Blume.

Das Kindlein aber in dem Bett
schrie froh an ihrer Seite.
Da lachte sie und fand es nett
und herzte es und eite.
Und wie sie es so küßt und kost,
gab ihr die Mutterliebe Trost.
Dann fuhr ihr Sinn ins Weite.

Der Sinn, er fuhr zum Theodor,
zum Rabenmann und -vater,
und leise kam das Wort hervor:
»Oh, Theodor, was tat er!
An mich schleicht nun der Tod heran,
was aber fängt mein Söhnchen an?
Wo ist ihm der Berater?

Wer gibt ihm Hemdchen, Milch und Geld?
Ist er nicht brav und niedlich?
O Gott, wie ist doch in der Welt
das Schicksal unterschiedlich! –
Auch er soll heißen Theodor!« –
Dann blickt sie noch mal um und fror
und stöhnt und starb ganz friedlich.

Auf Armenkosten schickte man
sie auf die letzte Reise.
Das Knäblein aber wuchs heran
als elternlose Waise.
Ein Köhlerpaar mußt ihn erziehn
für Armengeld. Das prügelt ihn
bei wenig Trank und Speise.

Mit sieben Jahren mußt er schon
im Walde Brennholz stehlen
und mußte sich für Prügellohn

im Köhlerdienste quälen.
Und als er groß geworden war,
erschlug er einen Juden gar
am Tage Allerseelen.

Sehr bald fand ihn die Polizei
und bracht ihn vor den Richter.
Der fand, daß Theo schuldig sei,
und nannt ihn Mordgelichter.
Am Galgen hing zur Morgenstund
der Sohn der guten Adelgund. – –
Ich aber ward ihr Dichter.

Altonaische Romanzen

I

Sonntagabend wars. Mit Dröhnen
scholl der Glocken schwer Gebrumm.
Eine Schar von höheren Söhnen
stand, bestrickt vom Reiz der Schönen,
rund um eine Jungfrau rum.
Der galantste dieser Leute
war ein junger Refrendar.
Auch war da ein Pharmazeute,
während einer Knaben bleute
und der vierte Fähnrich war.
»Komm, o holdestes der Wunder,
komm mit mir«, rief der Jurist.
»Ich hab prächtigen Burgunder,
der für jeden Elendsplunder
alleweil das Beste ist.«
Rief der Apotheker: »Lenzen-
blümlein wonnigstes, o hör!
Folge mir, ich will kredenzen
aus den duftigsten Essenzen

dir den köstlichsten Likör.«
Leise (denn die andern schrien)
sprach der Lehramtskandidat:
»Komm zu mir! Mit Poesien
will ich dein Gemüt umziehen.
Komm, o folge meinem Rat!«
Der Soldat in der Kaserne
wohnt so sturmfrei nicht wie die –
und er schnarrt: »Bei Mondschein gerne
seh ich solche Augensterne.
Machen wir 'ne Kahnpartie!«
Doch die Maid mit heißen Wangen
stand verlegen, schamhaft da.
Nein, sie ließ sich nicht mehr fangen –
davor hatt sie schweres Bangen:
Einmal war sie schon Mama.
Nun, das Kind war früh gestorben.
Da der Vater nichts besaß,
wär es auch wohl sonst verdorben.
Jetzt von vieren gar umworben,
stand sie da und wußt nicht, was.
Doch mit immer engern Klammern
hat das Kleeblatt sie umhegt,
und sie fühlt ein menschlich Jammern,
bis sie aus den Herzenskammern
jenes Spinnweb fortgefegt.
Endlich lispelt sie: »Ja freilich,
eine Bootfahrt macht ich gern –
doch mit allen! Unverzeihlich
wäre sonst mein Handeln, weil ich
niemals geh mit *einem* Herrn.«
Darauf ist man eingegangen,
nahm ein Boot und stieß vom Land,
ruderte mit langen Stangen,
bis die Glocken leiser klangen
und des Ufers Rand verschwand.
Silbern schien der Mond und helle,
wie er's nur am Sonntag tut,

und beleuchtete die Stelle,
wo der Kahn, von mancher Welle
sanft gewiegt, im Wasser ruht.
In dem Boot war unterdessen
trotz der Jungfrau Widerspruch
alle Züchtigkeit vergessen;
ja, man riß ihr ab vermessen
von dem Kleid das Übertuch.
Keiner fragt, ob sie nicht friere,
und es blieb nicht bei dem Schal.
Sie benahmen sich wie Tiere,
die Kumpane, alle viere –
ohne Anstand und Moral.
Keiner von den vieren scherte
sich um seiner Holden Not.
Keinen quält's, daß sie sich wehrte
und verzweifelt aufbegehrte; –
ach, sie schämte sich halbtot.
Was geschah, das übermittl ich
schamhaft nur durch diesen Strich: –
Alle waren unerbittlich,
keiner wußte mehr, was sittlich,
taktvoll sei und tugendlich.
Das war eine böse Bootfahrt
für die Jungfrau. Ob sie schrie,
half ihr nichts, und ob sie rot ward.
Ärger als die ärgste Todfahrt
deucht ihr diese Kahnpartie.
Aber gleich am andern Tage
lief zum Staatsanwalt die Maid,
daß sie dem ihr Unglück klage
und der Richter Sorge trage,
daß gerochen werd ihr Leid.
Und so wurden denn die frommen
Jüngelinge vorgeführt,
wurden allesamt vernommen,
daß sie zu der Strafe kommen,
welche solcher Tat gebührt.

Doch es zeigt in langer Rede
der galante Refrendar,
daß kein Grund zu dieser Fehde,
daß sie eine sei wie jede,
die schon mal ein Kind gebar.
Diese Rede hat gebrochen
jeden Groll vor dem Gericht.
Alle wurden freigesprochen:
Eine Maid, die schon in Wochen
war, verdient was Besseres nicht!
Als neun Monate vergangen
und vorbei das neue Wehn,
trug die Jungfrau ein Verlangen,
von dem Kind, das sie empfangen,
sich den Vater anzusehn.
Und sie trat mit ihrem Kinde
bittend bei den vieren ein.
Doch man hieß sie gehn geschwinde,
trieb sie fort in alle Winde –
keiner wollt's gewesen sein.
Denn die Alimente hassen
alle voller Reu und Scham,
und in allen Bildungsklassen
sieht man jedermann erblassen,
der in solche Lage kam.
Wieder also ging die Schöne
flehend vor das Amtsgericht
und verklagt die höheren Söhne.
Wieder sparte sie die Töne
echtester Verzweiflung nicht.
Ein Gesetzessammelsurium
lenkt jedoch des Rechts Gewalt,
und in diesem Corpus jurium
bietet die Exceptio plurium
selbst dem strengsten Richter halt.
Und so saß sie abgewiesen
mit dem Säugling ganz allein.
Ihre Tränen netzten diesen,

82

flossen strömend auf die Fliesen,
bohrten tief sich ins Gestein. –
Sonntagabend war es wieder.

Seht, da ging sie mit dem Kind,
vorgesteckt ein Sträußchen Flieder,
leise lullend Wiegenlieder,
dahin, wo die Böte sind.
Und sie fuhr mit ihrem Kleinen
an denselben Fleck hinaus,
nahm das Kind an Kopf und Beinen,
und beschwert mit harten Steinen,
sprang sie aus dem Kahn heraus.
Freundlich nahm sie eine Welle,
tauchte tief sie in die Flut
und bedeckte schnell die Stelle.
Silbern schien der Mond und helle,
wie er's nur am Sonntag tut.

II

In Altona, wo jüngst vier junge Leute
man notzuchtshalber freisprach vor Gericht;
in dieser Stadt der Freiheit spielt auch heute
mein tiefbewegtes trauriges Gedicht.

Ein junges Mädchen ging mit einem Jüngling –
das war die Sünde, welche sie beging.
Und eines Tags ging er mit ihr ins Tingling-,
ins Tingeltangel-Tingelingeling.

Doch hinter ihnen schlich mit leisen Schritten
ein Auge des Gesetzes in Zivil;
denn hierzulande setzt man schlechten Sitten
und ungetrauter Liebe bald ein Ziel.

So ungehört im Kautschuk der Galoschen
folgt ihnen ins Lokal der Kriminal,

und für den Schandpreis von acht Silbergroschen
empört er sich ob ihrer Unmoral.

Der Jungfrau Namen kriegt er bald zu wissen,
auch ihren Stand – denn sie war Näherin –,
und diese Botschaft bracht er amtsbeflissen
dem Präsidenten von der Sitte hin.

Der nahm von diesem Umstand gleichfalls Kenntnis
und auch das vorgeschriebene Ärgernis
und engagiert für unsrer Maid Verblendnis
die altbewährte Göttin Nemesis.

Und sieh – der Paragraph der Rache fand sich
alsbald im Sittenkodex Altonas.
Der war zu brauchen, denn er roch so ranzig
wie alter, schimmelgrüner Harzer Kas.

Gestützt auf solcherlei Moralgesetze,
verfügt man übers Mägdlein die Kontroll,
ernannte sie per Strafmandat zur Metze,
als welche sie hinfüro gelten soll.

Doch daß die Kinder nicht zu frühe lernen,
wie Liebe manchmal talerweis entbrennt,
bringt man die Huren unter in Kasernen,
als welche man gemeinhin Puffs benennt.

Und unserm Mägdlein, dem die Absicht fern lag,
dem treuen Liebsten treulos zu entfliehn,
und das noch nie bei einem andern Herrn lag,
befahl man, in so 'n Ding hineinzuziehn.

Soll ich die Seelenqual der Ärmsten schildern? – –
Erlaßt es mir, da sonst das Herz mir bricht.
Denn eine solche Flut von Leidensbildern
fand selbst ein Henkersknecht erfreulich nicht.

Das Mägdlein fleht den Herrgott an um Gnade
und um Pardon für ihrer Lieb Gewalt;
alsdann in einem salzigen Tränenbade
schwamm eilends sie zum nächsten Rechtsanwalt.

Der nahm sich ihrer mit beredten Worten
und vielem Mut an vor dem Amtsgericht,
auf daß nicht hinter des Bordelles Pforten
dem armen Mägdelein ein Leid geschieht.

Jedoch was Recht ist, das muß Rechtens bleiben,
so lautete der Wahrspruch des Gerichts.
Wer Unzucht treibt, mag im Bordell sie treiben,
da helfen Jammern ihr und Tränen nichts.

Die Sache zog sich noch durch drei Instanzen – –
doch überall war der Beschluß egal.
Sie ward verdammt, fortan im Puff zu tanzen,
aus Gründen der gefährdeten Moral.

Und ihr, die doch bis dahin stets die Treuste,
die nie sich andern als dem Liebsten gab,
gewöhnen dieses jetzt Matrosenfäuste
und syphilitische Steuerleute ab. – –

So ward die gute Sitte doch gerettet
und auch gewarnt vor unzuchtsvoller Lieb,
und mit der Jungfrau Herzblut eingefettet,
rollt ruhig seines Wegs der Staatsbetrieb.

Poeta Laureatus

Lied des Leiermanns

Ein Orgelmann leiert am Straßenrand,
er rasselt mit seinen Prothesen:
Ich gab meine Beine dem Vaterland;
ich bin ein Kriegsheld gewesen.
Zu Hause ließ ich die Kinder, das Weib,
die hungern sich den Skorbut an den Leib; –
ich brüllte gereimte Gesänge
und kämpfte im Schlachtengedränge.
Doch das macht nichts, das tut nichts, das kommt nicht drauf an –
mich haben die Dichter begeistert,
sie haben das Hirn mit verkleistert,
daß ich jetzt mit den Kunstbeinen rasseln kann. –
Ein Hoch der Poesie! Es lebe das Genie!
Immer rein, immer rein in die Akademie!
Hurra, ich kann singen auch ohne Bein
und orgeln zu Dichters Reimen.
Drum sollen sie auch Akademiker sein
und den Geist des Vaterlands leimen.
Was ich hatte, das stahl mir die Inflation,
und der Hauswirt schluckt meine Krüppelpension,
ich dreh meinen Leierkasten
und üb mich in Frieren und Fasten.
Doch das macht nichts, das tut nichts, das kommt nicht drauf an.
Wenn die Dichter nur werkeln am Staate,
dann freut sich ein tapfrer Soldate
noch als bettelnder Leierkastenmann.
Ein Hoch der Poesie! Es lebe das Genie!
Immer rein, immer rein in die Akademie!

Das Leben der Dichter ist immer ein Fest,
besonders der Prominenten.
Sie singen vom Mond, von der Frau, vom Inzest,

da schmecken den Reichen die Renten.
Und macht ein Poet als Prolet sich gemein,
dann sperrt man ihn rechtens ins Zuchthaus ein.
Er braucht ja den Staat nur zu loben –
dann wird er vom Staate erhoben.
Doch das macht nichts, das tut nichts, das kommt nicht drauf an.
Wir preisen die Republike
mit Versen teils, teils mit Musike.
Der Dichter reimt's erst, ich orgle es dann:
Ein Hoch der Poesie! Es lebe das Genie!
Immer rein, immer rein in die Akademie!

Seenot

Der Kapitän, der Steuermann,
vom Deck die Offiziere
schaun sorgenvoll den Himmel an.
Ein rascher Blick fällt dann und wann
auch auf die Passagiere.
Das räkelt faul den Bauch an Bord,
schlemmt in der Luxusmesse,
das lacht und prahlt und flucht: Potz Mord!
und karessiert, Bankier wie Lord,
die blonde Stewardesse.
Das führt Devisen mit und bar,
gab Gold in erznen Urnen
den sich'ren Kojen in Verwahr –
und droht dem Dampfer Sturmgefahr,
dann mag die Mannschaft turnen.
Die Mannschaft turnt. In Rauch und Dreck
schleppt sie und keucht und schuftet
und riecht bei zähem Schiffsgebäck,
wie Bratenbrüh und Rahmgeschleck
aus der Kajüte duftet.
Die See geht hoch, scharf geht der Wind,
hart poltert die Maschine.
Die Hände regen sich geschwind

um Kessel, Reling und Gewind,
um Großtopp und Turbine.
Da tritt ein Bootsmann vor und spricht
gepreßt durch bleiche Lippen:
»Kap'tän, die Schotten schließen nicht.
Wenn achtern die Verschalung bricht,
ist's aus; dann hilft kein Schippen.«
»Ach, Unsinn.« Doch der Seemann knackt
nervös mit seinen Fingern.
Er hört des Motors falschen Takt,
er fühlt, wenn Flut die Planken packt,
den ganzen Kasten schlingern.
Schon lange klagt der Maschinist;
der Kessel will nicht heizen.
Das Schiff verzögert seine Frist,
und im Proviantraum nagt und frißt
die Feuchtigkeit am Weizen.
Der Steuermann zeigt ohne Wort
nach dem Gewölk im Norden.
Das letzte Himmelsblau glitt fort.
Wo eben Lichter spielten, dort
ist graue Nacht geworden.
Die grünen Wogen trommeln dumpf
und drohend ihre Weisen.
Im Zwischendeck, im Dampferrumpf
drängt sich's, mit Augen bang und stumpf.
Hier ist die Not auf Reisen.
Mittschiffs jedoch im Aufbausaal,
da sprühn des Reichtums Wunder,
Musik jauchzt toll zum Bacchanal,
Juwelen blitzen ohne Zahl
bei Austern und Burgunder.
Vor einer Flasche Haute-Sauterne,
im Mund die Zigarette,
am Ecktisch sitzen ein paar Herrn,
die Brust geschmückt mit Band und Stern,
die Uhr an goldner Kette.
Sie kümmert nicht der Damenflor,

das Flirten und Scharmieren.
Sie beugen ihre Glatzen vor
und flüstern in des Nachbars Ohr
von Aktien und Papieren.
»Hier noch ein Kognak extra fein!«
Die Stewards huschen schweigend
mit Mokka, Schnaps, Biskuit und Wein.
Da tritt der Kapitän herein,
sich links und rechts verneigend.
Man dankt dem Seemann frohgelaunt,
sieht ihn zum Ecktisch schreiten.
Ein dicker Herr steht auf. Man raunt.
Die andern sehn den Gast erstaunt
den Kapitän begleiten.
Der, wie dem Hauptmann der Soldat,
hebt an, Bericht zu geben:
»Gefahr droht, Herr Kommerzienrat.
Ich fürchte, schweres Wetter naht.
Es geht um Schiff und Leben!« –
»Doch nicht die erste Klasse, wie?
Soll'n wir vielleicht ersaufen?« –
»Das Schiff ist nach der Havarie
beim großen Sturm – ich warnte Sie –
zu früh vom Dock gelaufen.
Zweitausend Menschen – und die Fracht;
wir haben schwer geladen.
Wenn man den Dampfer leichter macht,
wird er, so hoff ich, flottgebracht.
Sonst steh ich nicht für Schaden.« –
»Was sagt die Mannschaft?« – »Oh, die faßt
forsch zu an allen Bänken;
schimpft auch auf den Kajütengast
und will, ich soll als erste Last
Ihr Gold ins Meer versenken.« –
»Mein Gold?! Den Plan, verdammte Brut,
den mach ich euch zuschanden!
Bevor ein Ünzlein in die Flut
versinkt, fliegt alles Mannschaftsgut

erst über Bord! Verstanden?!« –
»Sie spaßen!« ruft der Kapitän.
»Wir würden grenzenlosen,
furchtbaren Haß und Aufruhr sä'n.
Ich will nach andrer Rettung spähn –
Hand weg von den Matrosen!
Es sind an Bord zehn Kisten Horn
und tausend Cheviotballen,
dann noch, im großen Kühlraum vorn,
dreihundert Tonnen Weizenkorn.
Das mag als Ballast fallen!«
Der Dicke schnaubt: »Sie können frei
als Kapitän ermessen.
Jedoch das ist an Land vorbei,
und ich bin Chef der Reederei –
wolln Sie das nicht vergessen!
Mein ist das Horn und mein das Tuch,
mein das Getreidelager.
Geht von der Ladung was in Bruch,
versichert steht die Fracht zu Buch
bei meinem Freund und Schwager!«
Da kommt der Erste Offizier:
»Das Löschen muß beginnen.
Am Steven dringt das Wasser schier
in Strömen ein. Bald sehen wir
es in die Kojen rinnen.« –
»Gut. Über Bord – Befehl ist da! –
die Koffer und die Fetzen
der Mannschaft – samt Harmonika
und Priem. Es wird den Schaden ja
die Reederei ersetzen. –
Das ist ein Tropfen auf ein Faß.
Doch muß man es versuchen.«
Der Offizier begibt sich blaß
zu seinen Leuten: dies und das –
da hilft kein Drohn und Fluchen.
Das Schiffsvolk disputiert und läuft.
»Was? Unsre paar Klamotten!

91

Und hinten liegt das Gold gehäuft
in Urnen!« – Und das Wasser säuft
sich glucksend durch die Schotten.
»Die Bande lebt in Saus und Braus!
Wir streiken!« rufen Stimmen.
»Pumpt euch allein das Wasser raus!
Von uns aus könnt mit Ratz und Maus
ihr an das Festland schwimmen!«
Man legt das Werkzeug aus der Hand.
Ein Teil nur bleibt beim Schöpfen.
Ganz langsam steigt der Wasserrand.
Die Streiker sind aus Rand und Band
und schrein mit heißen Köpfen.
Der Kaufherr rennt zum Zwischendeck –:
»Hört ihr den Lärm da oben?
Man meutert, und das Schiff ist leck!
Faßt ihr mit an zum guten Zweck –
dann ist die Not behoben.« –
»Nothilfe! Vorwärts! Du und du!
Wir strafen die Gesellen!«
Und viele Hände greifen zu.
Des Schiffsvolks Hab und Gut im Nu
verschwindet in den Wellen.
Die Mannschaft starrt ihm nach. Parbleu!
Wut blitzt durch ihre Lider.
Der Kiel steigt etwas in die Höh.
Von Norden her pfeift eine Bö.
Das Wetter senkt sich wieder.
Und die Matrosen gehn zurück
ans Werk. Die Herzen bluten.
Die Koffer tragen, jedes Stück,
ein wenig Liebe, etwas Glück
hinunter in die Fluten.
Indes der Zweck ist nicht erreicht:
schon feuchten sich die Luken –
Matrosenhabe wiegt zu leicht.
Der Kapitän sieht's, prüft, erbleicht.
Gefahrgespenster spuken.

92

Er klagt's dem Reeder. – »Ja«, spricht der,
»da heißt's Entschlüsse fassen!
Zweitausend Menschen lasten schwer.
Die Boote klar, und raus ins Meer!
Die Streiker sind entlassen!
Was bleibt, wird praktisch eingeteilt
und schafft in Überstunden.
Sonst: Zwischendeckler angekeilt –
dann ist der Schaden ausgeheilt.
Die Lösung ist gefunden.« –
»Wie, Herr Kommerzienrat? Nein, Nein!
Hier geht's um Menschenseelen!« –
»Ich will's. Fracht ist und Dampfer mein!«
Da knickt der Mut des Seemanns ein –:
»Sie haben zu befehlen.«
Rasch geht's an Bord von Mund zu Mund;
ein Murren folgt, ein Tosen.
Man trotzt. Der Wucherer! Der Hund!
Nothelfer aber mühn sich – und:
behüt euch Gott, Matrosen!
Der Nord bläst lauter über See.
Im Saale blasen Flöten.
Da tanzt vergnügt die Hautevolee
– Graf X und die Baronin C –;
das weiß von keinen Nöten.
Und wieder hebt sich leicht der Kiel.
Das Wasser scheint zu weichen.
Doch immer noch trägt viel zu viel
das Schiff. Der Pumpen schweres Spiel
vermag's nicht auszugleichen.
Ach, auf die Hoffnung folgt der Sturz.
Das Leck klafft stündlich breiter,
und bei der Arbeit grollt's und murrt's:
»Die Müh zu schwer, die Kost zu kurz –
wir können nicht mehr weiter!«
Des Meeres Fläche brodelt schon
wie Brei der Höllenküche,
und in des Sturms Trompetenton

93

mischt sich der Ausgesetzten Hohn,
ihr Schrei'n und ihre Flüche.
Der Kapitän, bedeckt mit Schweiß,
steht wieder vor dem Reeder:
»Herr, geben Sie die Ladung preis!
Und wär's ein Bruchteil nur, so weiß
es Ihnen Dank ein jeder.
Heb ich nicht schnell das Loch am Bug
bis übern Meeresspiegel,
dann ist's zu spät. – Herr, sei'n Sie klug!« –
»Nein! Meiner Opfer sind's genug,
und darauf Brief und Siegel!
Daß unsereins stets opfern soll!
Man mißbraucht unsre Güte; –
ist doch von Menschen übervoll
mit Sack und Pack – trotz hohem Zoll –
die Zwischendeckskajüte.
Dort zugepackt mit Energie!
Ist's hart – auch ich hab Sorgen.
Das drückt aufs Schiff. Da räumen Sie.
Mein Gold und meine Ware – nie!
Berichten Sie mir morgen.«
Kommandos schallen übers Schiff.
Was gibt's? Wer kann es fassen?
Hier tönt ein Ruf und dort ein Pfiff.
Vom Zuring löst des Bootsmanns Griff
die Kutter und Pinassen.
Derweilen rennt's im Zwischendeck
und drängt's in den Kabinen.
Der Frauen Haar ist wirr vor Schreck.
Manch Auge starrt auf einen Fleck
aus wutverzerrten Mienen.
»Uns schifft man aus wie tote Last.
Wir haben sie gerettet.
Das schwelgt in Wollust, hurt und praßt.
Zum Kampf, wer seine Mörder haßt!
So wurde nicht gewettet!«
Die Männer baun sich stieren Blicks

94

vor Weib und Kind als Schanze. –
Im Festsaal wippt mit Kuß und Knicks
Baronin C und Graf von X.
Musik spielt auf zum Tanze. –
Der Kapitän, in jeder Hand
den Browning, ernst entschlossen,
tritt vor: »Wer leistet Widerstand!
Ich bin hier Herr. Mein Wort zum Pfand:
Wer meutert, wird erschossen!«
Die Schiffsbesatzung ist zum Streit
im Halbkreis aufgezogen,
Pistolen, Äxte sind bereit.
Ein Weib schluchzt auf. Ein Säugling schreit.
Der Sturm zieht durch die Wogen.
Da stürzen Männer vor: »Du Schuft! –
Auf, mit vereintem Mute!«
Getümmel. Schüsse, Rauch verpufft.
Ein Schwergetroffner ringt nach Luft.
Fünf wälzen sich im Blute.
Noch einmal Lärm und Fußgestampf
und Knallen der Pistolen.
Vorbei – besiegt. Aus ist der Kampf.
Fern, schauerlich dringt durch den Dampf
vom Meer her heis'res Johlen.
Man führt sie, Weib und Kind voran,
zum Bootsdeck in die Kutter.
Dann senkt sie rasch der Davitskran
hinab zum grünen Ozean.
Die Kleinen wimmern: »Mutter!«
Die Armut drückt nicht mehr. – Nun geigt
und hüpft die Lust der Prasser.
Und sieh, der Schiffsrumpf hebt sich, steigt,
und wo am Bug das Leck sich zeigt,
fließt endlich ab das Wasser.
Der Reeder lacht: »Das Glück war hold.
Der Alpdruck ist verschwunden.
Die Drohnen drückten – nicht mein Gold.
Drum lange Arbeit, wenig Sold.

95

Dann wird das Schiff gesunden.«
Nun hämmert's, hastet's, werkelt, rennt
und pflastert Loch und Schaden,
bis Schläfe, Herz und Auge brennt.
Sturmwolken ziehn am Firmament
vorbei in gelben Schwaden.
Das Meer bäumt brüllend sich empor,
schlägt hoch aufs Deck die Wellen.
Doch durch der Wetter schrillen Chor
klingt grell der Rachefluch hervor
der Armen und Rebellen.
Und die Besatzung plagt sich, schwitzt –
kein Schlaf und Hungerzahlung.
Der Sturm posaunt. Der Himmel blitzt.
Die Schotten geben nach, es spritzt
die Flut durch die Verschalung.
Mann und Maschine seufzt und keucht.
Schon stöhnt's: »Wir können nimmer.«
Beim Heizraum, finster, dumpf und feucht,
im Kerker wird der Schlaf verscheucht
dem Kuli wie dem Trimmer …
So treibt das Schiff auf trunkner See,
umtobt von Sturm und Hasse.
Graf X führt die Baronin C
– die fürchten nichts – im Negligé
zur Koje I. Klasse – – –.
Der Dampfer »Deutschland« ist in Not.
Wird ihn die Flut vernichten?
Sprengt ihn sein morscher Kessel tot?
Stürmt ihn die Wut des Volks im Boot? –
Die Zeitung wird's berichten.   96

Krieg

An die Soldaten

Sauft, Soldaten!
Daß das Blut
heißer durch die Adern rinnt.
Saufen macht zum Sterben Mut.
Sauft! Die Zeit der Heldentaten
fordert saftige Teufelsbraten.
Sauft! Der heilige Krieg beginnt.

Sauft und betet!
Gott erhört
liebevoll der Gläub'gen Ruf.
Wünscht, daß er den Feind zerstört!
Wenn ihr über Leichen tretet,
dankt dem Herrn, zu dem ihr flehtet,
daß er euch zu Mördern schuf.

Feindeskissen
bettet weich.
Wo des Feindes Witwe weint,
ist des Siegers Himmelreich.
Fremde Weiber – Leckerbissen –
Schnaps, Gebet und kein Gewissen –.
Krieg ist Krieg, und Feind ist Feind!

Tapfrer Krieger,
der vergißt,
daß ein Herz im Leibe schlägt,
daß er Mensch gewesen ist,
eh er Kämpfer war und Sieger.
Edler Held, der gleich dem Tiger
blutige Beute heimwärts trägt!

Heldenscharen
kehrt ihr heim,
fielt ihr nicht von Feindeshand.
In der Brust den Todeskeim,
Krüppel mit gebleichten Haaren,
sucht, wo eure Stätten waren
im zerwühlten Vaterland.

Qual und Lasten
sind der Dank.
Weib und Kind in bittrer Not.
Euer Heldentum versank.
Darben lernt ihr nun und Fasten.
Bettelnd mit dem Leierkasten,
winselt ihr ums Gnadenbrot.

Wiegenlied

Still, mein armes Söhnchen, sei still.
Weine mich nicht um mein bißchen Verstand.
Weißt ja noch nichts vom Vaterland,
daß es dein Leben einst haben will.
Sollst fürs Vaterland stechen und schießen,
sollst dein Blut in den Acker gießen,
wenn es der Kaiser befiehlt und will. –
Still, mein Söhnchen, sei still!

Trink, mein Söhnchen, von meiner Brust.
Trink, dann wirst du ein starker Held,
ziehst mit den andern hinaus ins Feld.
Vater hat auch hinaus gemußt.
Vater ward wider Willen und Hoffen
von einer Kugel ins Herz getroffen.
Aus ist nun seine und meine Lust. –
Trink von der Mutter Brust!

98

Freu dich, goldiges Söhnchen, und lach.
Bist du ein Mann einst, kräftig und groß,
wirst du das Lachen von selber los.
Fröhlich bleibt nur, wer krank ist und schwach.
Vater war lustig. Ich hab ihn verloren,
hab dann dich unter Schmerzen geboren –
hörst drum ewig mein bitteres Ach!
Freu dich, Söhnchen, und lach!

Schlaf, mein süßes Söhnchen, o schlaf.
Weißt ja noch nichts von Unheil und Not,
weißt nichts von Vaters Heldentod,
als ihn die bleierne Kugel traf.
Früh genug wird der Krieg und der Schrecken
dich zum ewigen Schlummer erwecken …
Friede, behüt meines Kindes Schlaf! –
Schlaf, mein Söhnchen, o schlaf …

Barbaren

Sie streiten, wer Barbar sei unter ihnen,
und zum Beweise, daß stets nur die andern
vor aller Nachwelt solchen Ruf verdienen,
verwüsten sie mit schrecklichen Maschinen
Galipoli, Galizien, Serbien, Flandern,
Wolhynien und das Land der Beduinen.

Das Blut gerinnt, es häufen sich die Leichen
im Elsaß, in Tirol, in Frankreich, Polen.
Auf hoher See und in den Tropenreichen
ist Kampfgetöse, Mord, ist Sieg und Weichen.
Es wird gebrannt, geschändet und gestohlen,
und über Trümmern ragen Ruhmeszeichen.

Aus Wolken fetzt der Mord, vom Meeresgrunde,
und Kinder müssen sterben, Frauen, Greise;
den Hunger ruft man sich, die Pest zum Bunde.

Der Mutter Träne und die Todeswunde
erhabenen Planens zu der Menschheit Preise
gibt von der Heldenzeit Europas Kunde.

Und jubelnd töten sie für ihren Zaren,
für ihren Kaiser, König, Präsidenten,
und starke Männer sinken hin in Scharen
und wissen, daß sie tapfere Streiter waren ...
Blut tropft und Jammer von den Firmamenten –
und jeder schmäht die andern als Barbaren.

Soldatenlied

Wir lernten in der Schlacht zu stehn
bei Sturm und Höllenglut.
Wir lernten in den Tod zu gehn,
nicht achtend unser Blut.
Und wenn sich einst die Waffe kehrt
auf die, die uns den Kampf gelehrt,
sie werden uns nicht feige sehn.
Ihr Unterricht war gut.

Wir töten, wie man uns befahl,
mit Blei und Dynamit,
für Vaterland und Kapital,
für Kaiser und Profit.
Doch wenn erfüllt die Tage sind,
dann stehn wir auf für Weib und Kind
und kämpfen, bis durch Dunst und Qual
die lichte Sonne sieht.

Soldaten! Ruft's von Front zu Front:
Es ruhe das Gewehr!
Wer für die Reichen bluten konnt,
kann für die Seinen mehr.
Ihr drüben! Auf zur gleichen Pflicht!
Vergeßt den Freund im Feinde nicht!

100

In Flammen ruft der Horizont
nach Hause jedes Heer.

Lebt wohl, ihr Brüder! Unsre Hand,
daß ferner Friede sei!
Nie wieder reiß das Völkerband
in rohem Krieg entzwei.
Sieg allen in der Heimatschlacht!
Dann sinken Grenzen, stürzt die Macht,
und alle Welt ist Vaterland,
und alle Welt ist frei!

Kriegslied

Sengen, brennen, schießen, stechen,
Schädel spalten, Rippen brechen,
spionieren, requirieren,
patrouillieren, exerzieren,
fluchen, bluten, hungern, frieren …
So lebt der edle Kriegerstand,
die Flinte in der linken Hand,
das Messer in der rechten Hand –
mit Gott, mit Gott, mit Gott,
mit Gott für König und Vaterland.

Aus dem Bett von Lehm und Jauche
zur Attacke auf dem Bauche!
Trommelfeuer – Handgranaten –
Wunden – Leichen – Heldentaten –
bravo, tapfere Soldaten!
So lebt der edle Kriegerstand,
das Eisenkreuz am Preußenband,
die Tapferkeit am Bayernband,
mit Gott, mit Gott, mit Gott,
mit Gott für König und Vaterland.

101

Stillgestanden! Hoch die Beine!
Augen gradeaus, ihr Schweine!
Visitiert und schlecht befunden.
Keinen Urlaub. Angebunden.
Strafdienst extra sieben Stunden.
So lebt der edle Kriegerstand.
Jawohl, Herr Oberleutenant!
Und zu Befehl, Herr Leutenant!
Mit Gott, mit Gott, mit Gott,
mit Gott für König und Vaterland.

Vorwärts mit Tabak und Kümmel!
Bajonette. Schlachtgetümmel.
Vorwärts! Sterben oder Siegen!
Deutscher kennt kein Unterliegen.
Knochen splittern, Fetzen fliegen.
So lebt der edle Kriegerstand.
Der Schweiß tropft in den Grabenrand,
das Blut tropft in den Straßenrand,
mit Gott, mit Gott, mit Gott,
mit Gott für König und Vaterland.

Angeschossen – hochgeschmissen –
Bauch und Därme aufgerissen.
Rote Häuser – blauer Äther –
Teufel! Alle heiligen Väter! …
Mutter! Mutter!! Sanitäter!!!
So stirbt der edle Kriegerstand,
in Stiefel, Maul und Ohren Sand
und auf das Grab drei Schippen Sand –
mit Gott, mit Gott, mit Gott,
mit Gott für König und Vaterland.

102

Elegie im Kriege

Lieder sing ich, seit ich denke,
weil mein Herz empfindsam ist
und den Spender der Geschenke
im Genießen nicht vergißt.
Doch sie haben mich vergessen,
denen ich mein Lied beschert.
Niemand lebt auf Erden, dessen
Seele meines Sangs noch wert.
Heldentaten zu vollbringen
ist kein Lob in dieser Zeit:
Disziplin heißt sie vollbringen,
Angst gebiert die Tapferkeit.
Liebe, die das Herz beseligt,
zupft an keiner Leier mehr.
Haß ersetzt sie. Haß befehligt.
Haß ist Heil und Pflicht und Wehr.
Niemals kehrt die Freude wieder
und das Licht, das uns umgab.
Still versinken auch die Lieder
in der Menschheit Massengrab.

Vision

Vor dem Rot des Tags, der Abschied nimmt,
wälzt sich wollig wolkig grauer Rauch,
welcher eines nahen Schlotes Bauch
schwer entklimmt.

Und der Rauch formt vor dem roten Schein
weiche Arabesken und Figuren.
Wunderlich zerfließen die Konturen
querluftein.

Was die Menschenhand am Ofen drunten
um des Brotes willen schafft und flicht,
zieht vorbei im abendhimmelsbunten
Schemenlicht.

Hämmer fallen auf geglühten Stahl.
Flammen schlagen, und der Motor brüllt,
wo man schwarze Eisenmäntel füllt,
ohne Zahl.

Traurig bleibt der Wandrer stehn und sieht,
wie das finstre Werk in grauen, langen,
schlimmen Wegs bewußten Wolkenschlangen
nachtwärts zieht.

Giftig spaltet sich die Schlangenhaut.
Schwerter züngeln und Kanonenmünder
runden sich und bersten, Hundertpfünder –
ohne Laut.

Pferdeleiber winden sich, und Hände
greifen langgefingert jäh ins Leere.
Durch die Reste wüster Waldgelände
stelzen Heere.

Steil und spitzig stoßen Bajonette
auf und nieder. Türme steigen, kippen.
Tanzend, wiegend schlingt sich eine Kette
aus Gerippen.

Fäuste wachsen, krallen sich um Kehlen.
Dürre Körper sinken unter Hieben.
Vor dem roten Schein im Rauch zerstieben
Menschenseelen.

104

Nacht verschluckt die nebligen Gebilde.
Ruhlos walkt der Schlot der Waffenschmiede ...

Wann wird Tag? O wann erwacht der milde
Weltenfriede?

Ode zum Jahreswechsel 1916/17

Es birst ein Jahr und fährt in die Ewigkeit.
Ein Jahr des Todes und dunkler Geschicke voll,
stürzt es dem vorigen nach in sein Blutmeer,
räumt es der Zukunft die trostlosen Stätten.

Die kommt gezogen zögernd im Faltenkleid,
umraucht vom Kriege, doch über dem Haupte schon
dämmert ihr neblig ein flackernder Lichtkranz.
Naht sich dem Weltall die Hoffnung auf Frieden?

Es betet brünstig, wer noch an Götter glaubt,
sie möchten enden den schrecklichen Völkermord,
über den Trümmern verschütteter Sehnsucht
Schöneres aufbaun, als Grabmäler decken.

Denn unten faule ewig in Staub und Schutt
der arge Geist, der den Menschen die Waffen schliff.
Nimmer erwache den Völkern die Machtgier,
Feindin der Schönheit und Urgrund des Hasses.

Die Tränen aber, jeglicher Tropfen Bluts,
der Mütter Leid und der Bräute zerstörtes Glück
sammelt im Herzen zu eifernder Andacht,
105   wehrend dem Kriegszorn mit sieghafter Liebe.

Die Pfeife

Wusch ich mich schon vor einem Jahr
zum letzten Mal mit Seife,
so ward jetzt auch der Tabak rar.
Schwarz gähnt das Maul der Pfeife.
Ein kalter Ruch – Erinnerungswahn –
entdünstet trüb dem Rachen.
Die taubste Nuß, der hohlste Zahn
kann nicht so traurig machen.
Der Tabakbeutel schlaff und leer
rutscht grämlich durch die Hände.
Kein lustig blaues Wölkchen mehr
belebt die kahlen Wände.
Wo ist der Qualm, der mir im Raum
die fade Luft gesäuert,
der mich umwirkt mit süßem Traum,
den Genius mir befeuert?
Wo ist das braune Zauberkraut,
das alle Grillen bannte?
Verbraucht, verschmaucht, verraucht, verdaut –
dahin ins Unbekannte! ...
Da liegt er nun, der Pfeifenkopf,
ein Anblick zum Erbarmen,
und wartet, daß ihn jemand stopf.
Es hilft dir nichts, dir Armen.
So ging's dem Vaterlande auch.
Jetzt habt ihr die Erfahrung:
Erst hochgepafft den dicken Rauch,
und nachher fehlt's an Nahrung.
Die Seife schmolz dahin zu Schaum;
jetzt wäscht man sich mit Speichel
und raucht das Laub vom Lindenbaum
mit kleingeriebener Eichel.
Vertan, verpulvert, aufgezehrt,
was unser war alltäglich. –
Lieb Vaterland, jetzt heißt's: entbehrt! –

Der Rest ist arm und kläglich.
Wie viele Wochen, Tage noch
hält sich der Rest im Sacke?
Schon sickert er durchs Hungerloch
gleich meinem Rauchtabake …
Was ward aus dir, lieb Vaterland?
Des eigenen Ruhms Attrappe,
ein ausgeblasenes Ei im Sand,
ein Siegesaar aus Pappe.
Herausgesogen bis zum Grund
der letzte Lebenstropfen –
ein leergebrannter Pfeifenschlund – –
und nichts mehr nachzustopfen.

Klage

Wir haben den Frieden erstrebt und gewollt.
Da ist der Krieg in die Welt gerollt.
Und der Brand hat gezehrt, und der Tod hat gesenst,
und der gütige Gott ward zum Haßgespenst. Wehe!

Wir boten den Menschen Glück und Vernunft.
Der Habgier gaben sie Unterkunft.
Sie trauten des Neides unheiliger Schrift.
Neid goß ihnen Kugeln, Neid mischt ihnen Gift. Wehe!

Wir sangen den Völkern ein Freiheitslied.
Sie traten für ihre Beherrscher ins Glied.
Sie kämpften für ihrer Beherrscher Macht
und wähnten sich ihrer Kinder Wacht. Wehe!

Wir haben gerufen und haben gewarnt.
Das Grausen wankte heran, getarnt,
es schlug sich den Mantel um Kopf und Kinn
und schlug ihn den Menschen um Blick und Sinn. Wehe!

107

Wir haben dem grinsenden Grausen gewehrt.
Sie gaben ihm Hand und Herz und Schwert.
Das Grausen führte dem Schwert die Hand.
Millionen Leiber zuckten im Sand. Wehe!

Wir schrein unser Wehe! in Kampf und Pein.
Die Erde wird Grab und Asche sein.
Drei Herrinnen recken die Arme frei:
die Habgier, die Mordlust, die Sklaverei … Wehe!

Hungersnot

Viel Hunderttausende liegen tot,
tief ins geschändete Ackerland
vom Eisengeziefer niedergestreckt.
Aus ihren Gebeinen kriecht und droht
und aus den Wüsten von Schutt und Brand –
und nagt am Volksmark und saugt und leckt
des Krieges Schwester, die Hungersnot.

Sie nistet über Dächern und Tor,
sie senkt sich über Menschen und Vieh,
kreist über den Dörfern ohne Laut.
Kein Auge kann sie erspähn, kein Ohr.
Doch alle Sinne wittern sie.
Erschaudernd wirft sich jede Haut,
und jedes Haar strafft sich empor.

Die Blicke irren hohl und starr.
Ein Kind zerrt bang an der Mutter Schurz.
Zum Kirchhof fährt ein winziger Sarg.
Der Ortsschulz und der Gemeindepfarr
beraten bleich. Ihr Atem geht kurz –
schon wird's in der eigenen Küche karg.
Wir haben gesiegt! lallt blöd ein Narr.

Das Heer, das tot in der Fremde liegt,
das schafft der Heimat kein Brot herbei.
Doch viele zieht es sich nach in den Grund,
die niemands Feind sind, von niemand bekriegt.
Millionen modern, vom Jammer frei.
Irr tönt aus dorrendem lallendem Mund
des Narren Ruf: Wir haben gesiegt!

Vampir Erde

Erde, trink Blut! Du hast noch nicht genug,
noch immer hast du nicht genug getrunken.
Noch manchen durstigen Mund grub dir der Pflug,
blutdurstige Münder, Furch um Furch.
Durch ihren Schlund hindurch
laß Menschenblut in deine Gurgel klunken.

O Erde, fürchte nichts! Du mußt nicht dürsten.
Nur dünn verkrustet stockt des Krieges Wunde,
und ungeduldig, nur bemüht um Ruhm und Gut,
berechnen schon die Stunde,
zu düngen neu den Erdengrund mit Blut,
die Hüttenherrn, die Wechsler und die Fürsten.

In dunkelm Flusse strömt dir wieder zu
das Blut, das du dem Schoß entschlugst, Urmutter du!
Und unermüdlich schluckt
dein Schlund hinunter grause Opferung
und prüft nicht, ob das Futter alt, ob jung,
noch wem zu Nutz ein Mensch im Blute zuckt.

Horch, wieder surrt die Luft von trunknem Ruf
der bunten Truppen, die gemustert wurden:
hie Tommyvolk, hie Kurden –:
»Schützt eure Hütten, Brüder!« – »Rettet die Kultur!«
Und Fußvolk und Geschütz und Rosseshuf
zerwühlt das Morgenland mit blutiger Spur.

Unmütterliche Mutter! Wieviel Glück
tropft mit dem Jünglingsblut in deine Gründe!
Die Kugel zuckt im Lauf. – Ruf sie zurück!
Noch ruht des Krieges Sturm. Noch fiel kein Schuß.
Führ Unschuld nicht zu Sünde!
Führ sie zu rüstigem Werk und zu Genuß!

Der Jugend gib Natur an deinen Brüsten.
Willst du noch letztes Blut, so nimm zum Zukunftsdünger
uns, deine treuesten Jünger!
Nicht Fürst, nicht Wucherer durft uns zum Kriege rüsten,
Uns gürtete der Menschheit brünstige Sucht,
und unserm Blut entblüht der Freiheit frohe Frucht!   110

Fanale

Weltwende

Weil seit drei Tagen kein Blitz einschlug
und der letzte Brand im Gebälk verglomm,
glaub nicht, es sei jetzt der Prüfung genug
und der Himmel bleibe nun heiter und fromm.
Es kommt der Tag, wo das Himmelsnetz reißt,
wo der Meergrund sich türmt, wo die Erde birst;
der Tag ist nah, wo du fühlst, wo du weißt;
o Mensch, o Welt, daß du mündig wirst.

Ewige Wiederkunft

Der Urgeist schüttelt die Menschheit um
im Becher der Ewigkeit
und freut sich am Individuum,
wie's hochtaucht zu seiner Zeit.
Denn es lebt der Mensch in Lust oder Qual
und stirbt stets nur bis zum nächsten Mal.
Der Mensch, der da lebt, mag die Welt verbessern
nach der Sehnsucht zu größt und zu kleinst,
mag Krater löschen und Wüsten bewässern
für die Wiederkunft dermaleinst.
Des Zeitmeers wogendes Auf und Nieder
trägt alles fort und bringt's anders wieder.

Der Urgeist blickt durchs Kaleidoskop,
ob er alte Bekannte seh –
und richtig: da wandelt Buddha als Pop
und Plato doziert im Kaffee;
Aspasia tut, was sie immer tat;
auch Cicero ist wieder Advokat.
Es springt als Reporter Cornelius Nepos;

Napoleon flucht als Sergeant.
Vergil übersetzt sein eigenes Epos,
Gymnasialschüler unter Kant.
Kopernikus aber und Tizian liegen
mit Strampeln und Schreien in Kinderwiegen.

Der Urgeist lächelt und sinnt und nickt
und freut sich am bunten Spiel,
bis er den Freund seines Herzens erblickt –
der gibt seinem Augenmerk Ziel.
Fest steht er da: kein Meteor,
der, einmal geglüht, den Glanz verlor.
Und träumend hört er: Zum Gruß, mein Lieber!
Was hilft dir dein Zorn und dein Wahn?
Bist doch noch der gleiche Kohldampfschieber
wie dein Vater und wie dein Ahn.
Spürst du die Erde nicht unter dir gären?
Zeit ist es! Zeit, deine Zeit zu gebären!

Schon brennt das Feuer; entfach es hell!
Blas zum Sturm an den Wind, der dir weht!
Mein Kain! Mein ewiger Rebell!
Einst Sklave und heut Prolet!
Als Spartakus kamst du, als Sansculott –
Aufruhr dein Leben und Freiheit dein Gott!
Auf, Proletar, raff die Kräfte zusammen!
Unsterblichkeit leuchtet dir rot.
Der Urgeist selbst schürt des Kampfes Flammen –
und fällst du: was gilt dir der Tod!
Du kehrst ja zurück zur freien Erde,
zu Liebe und Glück. – Jetzt sprich dein: Werde! 112

Hybris

Ihr Herrn der Welt, preist nicht zu laut
das Werk eurer raffenden Fäuste.
Noch ist das Blutgefäll nicht gestaut,
das eure Gier entschleußte;
das ihr aus dem Leibe des Volkes speist,
bereit, ihn leer zu laugen
von allem Saft, der das Herz noch umkreist
und das Hirn belebt und die Augen.

Ihr Herrn der Welt! Wer noch atmet und fühlt,
der haßt auch noch unter Schlägen,
haßt noch, wenn sein Blut in den Pressen spült,
die euch den Wucherzins prägen.
Denkt an den Krieg, da der Haß sich ermannt,
da der Welthaß euch gellt in den Ohren; –
und ob ihr auch alle Schlachten gewannt,
der Krieg – der Krieg ging verloren.

Ihr Herrn der Welt, preist nicht zu laut
den Sieg eurer Peitschen und Riemen.
Ihr sätet Haß in des Volkes Haut,
und Rache wächst aus den Striemen!
Das Blut, das euch die Schwungräder schmiert –
die Rache läßt es gerinnen –
und das Volk, ob es alle Schlachten verliert,
den Krieg – den Krieg wird's gewinnen!

113

Predigt

Ich sage nicht, du darfst nicht hassen,
noch sag ich, daß du hassen mußt.
Der Herzschlag in bewegter Brust
läßt sich nicht in Gebote fassen.
Auch Liebe horcht nicht auf Befehle:
Du liebst. – Verständest du mich denn,
wenn ich der Liebe Namen nenn,
ein fremdes Wort in deiner Seele? –
Ich weiß dich lieben. Meine Stimme
braucht dir nicht sänftigend zu sein.
Du kennst Erbarmen und Verzeihn
und suchst im Guten nicht das Schlimme …
Doch fälsch die Liebe nicht zur Schwäche!
Dem Argen stelle dich nicht blind!
Wo Niedertracht und Lügen sind,
da ficht! Da rotte aus! Da räche! – –
Nicht will ich dich zum Hasser machen
(und sprech auch nicht: hab keinen Haß!),
doch will ich dir ohn Unterlaß
der Leidenschaften Glut entfachen.
Nicht alles Heil entströmt der Milde;
zwar: Liebe ist ein reicher Born,
doch lästre nicht ihr Salz, den Zorn …
Stark forme deine Welt zum Bilde!

Kein Himmel hilft

Das Elend grollt. Es hungert, und es friert
das Volk – besiegt im Krieg, besiegt im Hoffen;
und Not, die täglich neue Not gebiert,
besiegt den letzten Mut, den letzten Stolz.
In tiefster Seele auf den Tod getroffen,
schleicht winselnd in die Kirchen Mann und Weib,
kniet betend nieder vor dem Schmerzensleib

und weint sein Leid zum Kreuz empor aus Holz.
Der Priester mahnt: Mit Glauben und Geduld
mögt ihr euch fromm dem ewigen Geist verbünden,
der die Gebete lohnt, so ihr die Sünden,
die ihr in irdischen Nöten büßen müßt,
in Reue abschwört. Leidet für die Schuld,
in dieser Welt in Frevelmut begangen.
Im Jenseits, wenn ihr Gottes Füße küßt,
sollt ihr zu lichter Seligkeit gelangen ...
Und dumpf und warnend ruft vom steilen Turm
die Glocke den getretnen Menschenwurm.

– –

Auf, Menschen, wer vor Jenseitgöttern kniet!
Springt auf die Füße! Reckt den Kopf! Die Arme!
Kein Himmel hilft euch. – Werft das Hemd, das hären
den Staub des Leids in seine Falten zieht,
dem Staube zu, der muffig aus Altären
zu Gott empordampft, daß er sich erbarme! –
Sehr irdisch ist die Not, die euch bedrückt;
sehr irdisch sind die Ketten, die euch fesseln.
Ihr tragt das Kreuz; ihr tragt den Kranz aus Nesseln;
ihr schwankt nach Golgatha, gepeitscht, gebückt; –
und die euch peitschen, die ans Kreuz euch schlagen,
sie sind's, die euch von Schuld und Demut sagen ...
Ja, Volk, bereue! Nicht, was du getan –:
bereue, was du sträflich unterlassen!
Doch übe deine Reu mit gradem Rücken.
Lehr deine Hände, nach dem Glück zu fassen;
entwöhn dein Herz dem gottergebnen Wahn
und laß es sich an Licht und Lust entzücken.
Nicht Demut sei dein Streben, sondern Mut!
Nicht winseln sollst du, sondern dich erlösen!
Wer Welt und Leben wahrhaft liebt, ist gut.
Der irdische Mensch nur macht sich frei vom Bösen.
Kampf macht dich frei! – Hörst du das Elend grollen?
So zwingst du es:
Frei denken! Und frei wollen!

Wunderglaube

Hat euch der Rechenkünste Trug
des Kinderwahnes Glut geraubt? –
So sei's des Rechnens jetzt genug!
Glaubt wieder an das Wunder – glaubt!
Glaubt an das Wunder eures Muts;
glaubt an den heißen Wunderborn
des leidenschaftentflammten Bluts;
glaubt eurer Kraft; glaubt euerm Zorn!
Entzündet in euch selbst das Licht
des Wunders, das kein Zweifel staubt!
Ihr seid die Tat – ihr das Gericht –
ihr seid das Wunder! – Glaubt nur – glaubt!

Appell

Ihr habt euch geplagt, und euch plagte die Not,
und Plage war, was das Leben euch bot.
Ihr littet, ihr fluchtet, ihr hofftet, ihr sannt,
bis ihr den Grund zu begreifen begannt,
bis ihr gelernt, warum Weib, warum Kind
bei all euerm Fleiße so elend sind.
Und ihr fragtet ins Herz euch: muß das so sein?
und ihr wußtet die Antwort: die Antwort hieß: Nein!
Und Lehrer und Weise brachten euch Rat.
Ihr erkanntet euch selbst: Wir Proletariat!
Und Kampflust gebar sich aus Hunger und Groll.
Ihr spürtet, wie euch der Muskel schwoll;
und ihr schriet in die Welt mit gewaltigem Ton:
Ihr Fürsten seid Mörder! Herunter vom Thron!
Ihr Priester, herab von den Kanzeln! Ihr logt!
Heraus aus der Werkstatt, du Sklavenvogt!
Wir waren Knechte die längste Zeit;
die Stunde ist da, wo das Volk sich befreit.
Die Kette zerreißt, die den Willen uns band.

Uns Brot und Maschinen! Uns Freiheit und Land!
Doch ihr plagtet euch weiter, euch plagte die Not,
und dem Herrn blieb das Land, die Maschine, das Brot.
Noch immer darben euch Weib und Kind,
und ihr wißt doch, warum sie so elend sind.
Noch nie war der Jammer so groß und das Leid,
und ihr wißt doch, daß ihr die Stärkeren seid;
und ihr wißt doch, ihr Volk, ihr Proletariat:
die Zukunft der Menschheit harrt eurer Tat! –
Wo blieb eure Tat? Oh, fragt euch laut:
habt ihr stets nur den eigenen Kräften getraut?
Nein, nein, ihr bautet auf flüchtigen Sand,
ihr gabt euer Schicksal in fremde Hand.
Ihr habt nicht gekämpft, ihr habt nur gewählt
und habt voll Stolz eure Stimmen gezählt –
und statt euch von jedem Herrn zu befrein,
nahmt Herren ihr an aus den eigenen Reihn –
und wähltet und priest eurer Stimmen Zahl
und ließet die Taten dem Kapital …
Oh, zählt nicht länger, wie viele ihr seid –
zerreißt die Ketten! Zerbrecht das Leid!
Im Sturmesbrausen der Revolution
ist Ein Mann stärker als eine Million!
Der Ruf ertönt: Auf, Proletariat!
Millionenmal Einer! Zum Sturm! Zur Tat!

Streit und Kampf

Nicht nötig ist's, nach Schritt und Takt
gehorsam vorwärts zu marschieren.
Doch wenn der Hahn der Flinte knackt,
dann miteinander zugepackt
und nicht den Nebenmann verlieren!

Schlagt zwanzig Freiheitstheorien
euch gegenseitig um die Ohren
und singt nach hundert Melodien –

doch gilt es in den Kampf zu ziehen,
dann sei der gleiche Eid geschworen!

Aktionsprogramm, Parteistatut,
Richtlinien und Verhaltungslehren –
schöpft nur aus allen Quellen Mut!
Ein jedes Kampf System ist gut,
das nicht versagt vor den Gewehren!

Darum solang kein Feind euch droht,
verschont einander nicht mit Glossen.
Doch weckt euch einst der Ruf der Not,
dann weh das einige Banner rot
voran den einigen Genossen!

Dichter und Kämpfer

Unrühmlich ist es, jung zu sterben.
Mein Tod war sträflicher Verrat.
Ich bin der Freiheit ein Soldat
und muß ihr neue Kämpfer werben.

Und kann ich selbst die Schlacht nicht lenken,
seh selbst nicht mehr das bunte Jahr,
so soll doch meine Bundesschar
im Siege meines Rufs gedenken.

Drum will ich Mensch sein, um zu dichten,
will wecken, die voll Sehnsucht sind,
daß ich im Grab den Frieden find
des Schlafes nach erfüllten Pflichten.

Kampfruf

Auf, Männer, wer den Hammer schwingt:
Nur fest den Griff umschlossen!
Den Blick aufs Ziel – der Hieb gelingt.
Schlagt zu! Schlagt zu, Genossen!
Zeit ist's – der Hammer macht es kund.
Trefft, Männer! Rammt den Pfahl in Grund!
Auf, Männer, Frauen, Mädchen – auf!
Auf, Kinder, Krüppel, Greise!
Ein jeder lenkt der Erde Lauf,
der wirkt – auf seine Weise.
Wer hilft, wer heilt, wer Liebes tut
im guten Kampf, kämpft selber gut.
Auf, Jugend, Waffen in die Hand
und in die Herzen Freude!
Den Menschen Freiheit, Saat dem Land,
der Sehnsucht das Gebäude!
O Jugend, starke Jugend – flieg
in deinen Kampf, zu deinem Sieg!
Auf, Arbeitsvolk, aus Sklavenfron!
Mach deiner Pein ein Ende!
Die Zeit ist da. Dein Werk, dein Lohn:
die Freiheit deiner Hände!
Auf, Arbeitsvolk – für Glück und Brot –
aus grauer Nacht ins Morgenrot!

Marschlied der Zwölfjährigen

Wir wollen nicht verdrießlich sein,
ist auch nicht alles so bestellt,
wie's uns gefällt.
Wir wachsen ja, um zu befrein
dereinst mit Herz und Kopf und Hand
das Volk, die Menschen und das Land,
die ganze liebe Welt.

Wir wachsen in die Welt hinein.
Wir sind ja froh und sind so jung.
Nur noch ein Sprung,
dann sind auch wir nicht mehr zu klein.
Und fehlt uns heute noch die Kraft,
wir haben schon, was sie erschafft:
Mut und Begeisterung.
Wir lachen in den Sonnenschein,
gehn ohne Hut, mit leichtem Schuh
der Freude zu.
Wir wandern über Dorn und Stein.
Ach, in der Stadt ist's kalt und arm.
Du machst die Erde reich und warm,
du helle Sonne, du!
Kühn treten wir ins Leben ein,
wolln offnen Auges um uns schaun.
Von keinem Zaun
soll unser Blick gefesselt sein.
Mit uns wächst Freude, Glück und Recht.
Wir sind erwählt, ein froh Geschlecht,
die neue Welt zu baun.

Lied der Jungen

Wir rüsten zum Kampf, zur letzten Wehr,
wir Volk, wir Freien, wir Jungen!
Herbei aus der Schule, der Werkstatt, dem Heer!
Wir dulden die Herrschaft der Junker nicht mehr,
die uns ins Elend gezwungen.
Die Fackeln leuchten himmelan:
Dem Volk, der Jugend freie Bahn!

Sie haben uns lange genug genarrt,
verführt, geplündert, bestohlen.
Wir haben's gelitten – und litten zu hart.
Jetzt gilt's, aus den Händen der Gegenwart
den Preis der Zukunft zu holen.

Der März bricht an. Es birst das Eis.

Die Freiheit ist des Kampfes Preis.

Uns ängstet kein Feind im Nachbarland.
Wir ziehen nicht aus zum Erobern.
Die Völker der Erde sind herzensverwandt.
Den Brüdern drüben die Bruderhand,
die Fäuste den Junkern und Obern!
Das eigne Land ist zu befrein –
die Jungen sollen Führer sein!

Für Freiheit und Volk! – Zum Kampf, wer jung
und stark der Zukunft ergeben!
Die Waffe des Volks ist der stürmende Schwung
der unverbrauchten Begeisterung.
Die Jugend hoch und das Leben!
Zur letzten Wehr! Bald sind wir frei.
Los von der Junkertyrannei!

Gesang der jungen Anarchisten

Freiheit! mahnt es aus den Grüften,
die der Vorzeit Kämpfer decken.
Freiheit! lockt es aus den Lüften,
die der Zukunft Stürme wecken.
Daß aus Ahnung Freiheit werde,
haltet, Künftige, euch bereit.
Reinigt die entweihte Erde –
helft ans Licht der neuen Zeit!

Freie Menschen sollen wohnen,
wo gequälte Sklaven schleichen,
Menschen, die aus allen Zonen
Gruß und Trunk einander reichen.
Von Gesetzen nicht gebunden,
ohne Herrn und ohne Staat –

frei nur kann die Welt gesunden,
Künftige, durch eure Tat!

Jugend, sammle deine Scharen,
kämpfend Zukunft zu erstreiten.
Wer das Leben will erfahren,
lasse sich vom Tod begleiten.
Künftige! Im heiligen Ahnen
lechzt die Welt nach Glück und Licht.
Mahnend wehn die schwarzen Fahnen:
Freiheit ist der Jugend Pflicht!

Gesang der Arbeiter

Völker, erhebt euch und kämpft für die ewigen Rechte!
Kämpft und erobert die Freiheit dem Menschengeschlechte!
Reif ist die Zeit. Völker, erhebt euch zum Streit!
Duldet nicht Herren noch Knechte.

Brüder der Arbeit, vereint eure Kräfte zum Bunde!
Einigkeit richtet die Macht der Tyrannen zugrunde.
Stürzt sie in Nacht! Sammelt die eigene Macht!
Arbeiter, nützet die Stunde!

Schließt, Proletarier, ihr den Verband der Nationen!
Jeder für alle, so sprengt ihr die Liga der Drohnen.
Baut euch die Welt, die keine Zwietracht zerschellt!
Lasset den Frieden drin wohnen.

Machet ein Ende dem Krieg und dem Raub und dem Grauen!
Gleichheit den Völkern, den Rassen, den Männern und Frauen!
Gleichheit versöhnt. Arbeit, durch Gleichheit verschönt,
wird euch die Freiheit erbauen.

Rebellenlied

Sie hatten uns mit Zwang und Lügen
in ihre Stöcke eingeschraubt.
Sie hatten gnädig uns erlaubt,
in ihrem Joch ihr Land zu pflügen.
Sie saßen da in Prunk und Pracht
mit vollgestopftem Magen
und zwangen uns, für ihre Macht
einander totzuschlagen.
Doch wir, noch stolz auf unsere Fesseln,
verbeugten uns vor ihren Sesseln.

Sie kochten ihre Larvenschminke
aus unserm Blut und unserm Schweiß.
Sie traten uns vor Bauch und Steiß,
und wir gehorchten ihrem Winke.
Sie fühlten sich unendlich wohl,
sie schreckte kein Gewitter.
Jedoch ihr Postament war hohl,
ihr Kronenschmuck war Flitter.
Wir haben nur die Faust erhoben,
da ist der ganze Spuk zerstoben.

Es rasseln zwanzig Fürstenkronen.
Die erste Arbeit ist geschafft.
Doch, Kameraden, nicht erschlafft,
soll unser Werk die Mühe lohnen!
Noch füllen wir den Pfeffersack,
auf ihr Geheiß, den Reichen;
noch drückt das Unternehmerpack
den Sporn uns in die Weichen.
Noch darf die Welt uns Sklaven heißen –
noch gibt es Ketten zu zerreißen.

Vier Jahre hat die Welt der Knechte
ihr Blut verspritzt fürs Kapital.

Jetzt steht sie auf, zum erstenmal
für eigne Freiheit, eigne Rechte.
Germane, Römer, Jud und Ruß
in einem Bund zusammen –
der Völker brüderlicher Kuß
löscht alle Kriegesflammen.
Jetzt gilt's die Freiheit aufzustellen. –
Die rote Fahne hoch, Rebellen!

Trutzlied

Nennt uns nur höhnisch Weltbeglücker,
weil wir das Joch der Unterdrücker
nicht länger dulden und die Schmach.
Lacht nur der neuen Ideale,
leert auf die alten die Pokale –
Wir geben nicht nach!

Legt nur die Stirn in ernste Falten,
schreckt auf im Bette ungehalten
und scheuert euch die Augen wach.
Flucht auf die unerwünschte Störung,
reißt 's Fenster auf und schreit: Empörung!
Wir geben nicht nach!

Setzt euch nur auf die Geldkassette,
daß Gott die arme Seele rette
aus Not, Gefahr und Ungemach –
und ruft nach euern guten Geistern,
nach Polizei und Kerkermeistern –
Wir geben nicht nach!

Daß den Verrat der Teufel hole,
langt nur die Repetierpistole
samt den Patronen aus dem Fach,
und schmückt den Hut mit der Kokarde

124

der geldsacktreuen weißen Garde –
Wir geben nicht nach!

Laßt Volkes Blut in Strömen fließen,
laßt uns erhängen und erschießen,
setzt uns den roten Hahn aufs Dach.
Laßt Mörser und Haubitzen wüten,
um euer Diebesgut zu hüten –
Wir geben nicht nach!

Laßt euer Höllenwerkzeug toben!
Die Sehnsucht selbst hat sich erhoben
des Volks, das seine Ketten brach.
Freiheit und Recht stehn auf der Schanze.
Sieg oder Tod – jetzt geht's ums Ganze! –
Wir geben nicht nach!

Rechtfertigung

Ich hab euch wenig schmachtende Psalmen gesungen,
noch predigt ich euch wie der Pfarrer im frommen Vereine,
Genossen der Arbeit!
Doch ist euch mein Lied durch die Haut in die Seelen gedrungen,
dann tat ich das Meine.

Mein Sang tönt nicht nach letzter ästhetischer Mode.
Nie hat er die Reime von Herzen und Schmerzen vermieden,
Genossen des Schicksals!
Doch siedet er euch das Blut auf dem Marsche zum Tode,
so bin ich zufrieden.

Virtuosen und Troubadoure laßt lispelnd schalmeien.
Ich weiß es: euch flattert kein Haar bei dem sanften Geraune,
Genossen der Kampfstatt!
Ihr lauscht auf den Schall, der euch weckt, die Welt zu befreien;
drum blas ich Posaune.

Wirft mich literarischer Troß zum rostigen Eisen –
ich hab euch entflammt, und so trotz ich der kritischen Säure,
Genossen der Zukunft!
Ihr Jugend! Ihr Jüngsten! Euch blas ich zum Sturme die Weise –
so bleib ich der Eure!

Gesang der Intellektuellen

Rr–r–revolution
macht man nur mit Liebe.
Weist den Hetzer von der Schwelle.
Nur der Intellektuelle
kennt das Weltgetriebe.

Unsre Überlegenheit
wird euch trefflich führen.
Wählt nur uns in eure Räte,
dann wird Liebe früh und späte
eure Seelen rühren.

Lieb den Bürger, Proletar,
denn dein Bruder ist er.
Und verdienst du ihm Millionen,
mag dich das Bewußtsein lohnen:
Ihr seid ja Geschwister.

126

Sammelt euch zum Klassenkampf
hinter unserm Schilde.
Läßt der Bourgeois euch erhängen,
mit der Künste Zauberklängen
stimmen wir ihn milde.

Aber kommt's zum Bürgerkrieg –
ja kein Blutvergießen!
Auf den Kolben jeder Flinte
schreibt mit roter Liebestinte:
Brüder, nur nicht schießen!

Folgt dem geistigen Führerrat
zu des Werkes Krönung.
Einerseits die rote Fahne,
andrerseits die Buttersahne
lieblicher Versöhnung.

Rr–r–revolution
macht die Herzen schwellen.
Laßt die Freiheit uns errichten
mit den lyrischen Gedichten
der Intellektuellen.

Der Revoluzzer

Der deutschen Sozialdemokratie gewidmet

War einmal ein Revoluzzer,
im Zivilstand Lampenputzer;
ging im Revoluzzerschritt
mit den Revoluzzern mit.

Und er schrie: »Ich revolüzze!«
Und die Revoluzzermütze
schob er auf das linke Ohr,
kam sich höchst gefährlich vor.

Doch die Revoluzzer schritten
mitten in der Straßen Mitten,
wo er sonsten unverdrutzt
alle Gaslaternen putzt.

Sie vom Boden zu entfernen,
rupfte man die Gaslaternen
aus dem Straßenpflaster aus,
zwecks des Barrikadenbaus.

Aber unser Revoluzzer
schrie: »Ich bin der Lampenputzer
dieses guten Leuchtelichts.
Bitte, bitte, tut ihm nichts!

Wenn wir ihn' das Licht ausdrehen,
kann kein Bürger nichts mehr sehen.
Laßt die Lampen stehn, ich bitt! –
Denn sonst spiel ich nicht mehr mit!«

Doch die Revoluzzer lachten,
und die Gaslaternen krachten,
und der Lampenputzer schlich
fort und weinte bitterlich.

Dann ist er zu Haus geblieben
und hat dort ein Buch geschrieben:
nämlich, wie man revoluzzt
und dabei doch Lampen putzt.

Bürgers Alpdruck

Was sinnst du, Bürger, bleich und welk?
Hält dich ein Spuk zum Narren?
Nachtschlafend hörst du im Gebälk
den Totenkäfer scharren.
Er wühlt und bohrt, gräbt und rumort,
und seine Beine tasten
um Säcke und um Kasten.

Horch, Bürger, horch! Der Käfer läuft.
Er kratzt ans Hauptbuch eilig.
Nichts, was du schwitzend aufgehäuft,
ist seinen Fühlern heilig.
Der Käfer rennt. Der Bürger flennt.
In bangen Angstgedanken
fühlt er die Erde wanken.

Ja, Bürger, ja – die Erde bebt.
Es wackelt deine Habe.
Was du geliebt, was du erstrebt,
das rasselt jetzt zu Grabe.
Aus Dur wird Moll, aus Haben Soll.
Erst fallen die Devisen,
dann fällst du selbst zu diesen.

Verzweifelt schießt die Bürgerwehr
das Volk zu Brei und Klumpen.
Ein Toter produziert nichts mehr,
und nichts langt nicht zum Pumpen.
Wo kein Kredit, da kein Profit.
Wo kein Profit, da enden
Weltlust und Dividenden.

Hörst, Bürger, du den Totenwurm?
Er fährt durch Holz und Steine,
und sein Geraschel weckt zum Sturm
des Leichenvolks Gebeine.
Ein Totentanz macht Schlußbilanz
und schickt dich in die Binsen
samt Kapital und Zinsen.

Das Volk der Denker

Du armes Volk! Von aller Welt betrogen,
besiegt im Kampf, im Sehnen selbst besiegt,
sinnst du, das Hirn mit Wissen vollgesogen,
der Frage nach, woran dein Unglück liegt.
Und schon gelingt dir trefflich zu erklären,
warum bei so beschaffner Produktion
des einen Teil der Schweiß ist und die Schwären,
des andern Teil Theater, Sport und Spon.
Materialistisch weißt du zu begründen
der Wirtschaftsform Naturnotwendigkeit
und widerlegst den Wahn von Schuld und Sünden

als Narrenglauben der Vergangenheit.
Wie scheint der Mahner dir naiv und komisch,
der an die Seele pocht: Wach auf! Hab Kraft!
Du rechnest, wann historisch-ökonomisch
die Stunde reift auf Grund der Wissenschaft.
Du lachst des Spruchs, Tat wachse nur aus Wollen,
der manchmal noch in wirren Köpfen spukt.
Du siehst am Faden die Entwicklung rollen,
erkennst dich selbst als deiner Zeit Produkt.
Du lerntest längst nach Phasen zu begreifen
den Aufstieg der Geschichte und Kultur
und lehnst es ab, in Träumerei zu schweifen:
Kleinbürger-Utopien hemmen nur.
Du kennst die Welt, durchdenkst sie dialektisch;
empirisch ist dein Tun, dein Sinn real!
Sind deine Kinder skrofulös und hektisch –
du weißt Bescheid: so wirkt das Kapital.
Und stehn sie hungrig vor des Reichen Türen,
der dich, Rebell! – vertrieb aus der Fabrik.
Du senkst den Kopf in Bücher und Broschüren
zum Studium der sozialen Republik.
Und liest: die Erde gäbe allen reichlich,
gehörte sie nur allen; – und du liest:
der schnöden Gegenwart folgt unausweichlich
die Zukunft, die ein freies Volk genießt.
Die Zukunft kommt! Von selbst und ungerufen!
Im stolzen Trost schwelgt deine Phantasie.
Nur eine Serie von Entwicklungsstufen
steht noch bevor. – So lehrt's die Theorie.
Du liest und lernst. Den Rücken krumm gebogen,
durchwühlst du Heft um Heft und Band um Band.
O armes Volk! Von aller Welt betrogen,
betrügst du selbst dich um dein Sehnsuchtsland.

130

Ruf aus der Not

Marat! Bakunin! Steigt aus eurer Gruft empor!
Wacht auf, schaut um euch, staunt, empört euch, lebt und helft!
Oh, unerhört in aller Menschheit Freiheitskampf,
seht sterben in Verrat des deutschen Volkes Glück!
Marat! Bakunin! Gebt mir Geist von euerm Geist!
Sie, die euch liebt, die euerm roten Blut entstammt,
des Volks Revolution, der ich mich angelobt,
sie windet ekelnd sich im Arm des geilen Feinds,
der sie will Mutter machen seiner Lügenbrut.
Es ist derselbe, der das Volk zum Krieg betrog,
es lüstern machte auf den Ruhm des Brudermords,
es heucheln lehrte für der eignen Knechte Gier;
der, selber mit der Freiheit Maske überlarvt,
der Freiheit Stimme süßlich nachäfft und ihr Kleid,
das rote Kleid, um seine Gier und Blöße warf.
Wohl wehrten wir des Erzverräters Anschlag ab.
Doch er, bewahrt im Pupurtuch des Freiheitskleids,
zog aus dem Pfuhl, in den ergrimmt das Volk sie stieß,
die Wehr, die rostige, mit allem Mord und Gift,
mit Feuer, Eisen, Höllenunrat, Kot und Tod,
die der gestürzten Mächte morschen Thron geschützt;
zog die gestürzten Mächte selber aus dem Pfuhl,
schirrt vor den angemaßten Wagen ihr Gespann
und ward – ihr strenger Herr? Ach nein, ihr Kutscher nur,
der sie zu neuen Siegen und Triumphen fährt …
Marat! Bakunin! Seht den ungeheuren Spaß!
Das schauerliche Zerrbild seht der Rebellion!
Der ausgefahrne Karrn der deutschen Herrlichkeit,
da rumpelt er, die Achsen neu mit Blut geölt,
die alte Firma modisch schwarzrotgold lackiert,
im Innern, würdig auf verschließnem Polstersitz,
die viribus-unitis-Bärte aufgewichst,
die aus dem Totenreich erstandnen Herrn des Lands.
Die Augenbraue zuckt, die Hand am Schwertgriff winkt,
und der Lakaienschwarm teilt die Befehle aus

131

im Namen demokratischer Gerechtigkeit.
Und hinterher – gigantischer Gespensterzug! –
der trübe Abhub der geschlagenen Armee,
verwildert, heimatlos geworden, rückverirrt,
Kriegshasardeure, Abenteurer, Landsknechtsvolk,
in Jahren Kriegs an Willkür, Raub und Mord gewöhnt,
der Kameradentreue schon im Felde fremd
und nur dem Satz gerecht: Der Nächste ist dein Feind,
und wo du deinen Fuß hinsetzt, ist Kriegsgebiet,
wo man, wie das in Belgien und in Polen war,
des Armen letzte Milchgeiß überm Feuer brät ...
So ziehn sie jetzt im Vaterland den Obern nach,
die Ärmellöcher ihres grauen Rocks geflickt
mit Eicheln, Rautenzeug und Edelweiß aus Blech,
den Kopf im überstülpten Stahlhelm breitgedrückt,
hinschreitend wie die Polizei der Nemesis.
Und dieser Zug, verstärkt vom Bürgermob
und Bengeln, die der Schule überdrüssig sind
und Lorbeeren suchen wollen auf dem Schlachtgefild
der Ruh und Ordnung und des Aktienkapitals.
Und Kriegsgeschirr, Kanonen, Munitionsgefährt
und starke Pferde, die der Bauer brauchen könnt,
und Minenwerfer, Mitrailleusen, Blechmusik,
Feldküchen, Gasgebläse, Fahnen allerlei
sind Lichter auf dem kriegerischen Friedensbild. –
Vorn aber auf dem Kutschbock seht ihr selber ihn,
den deutschen Alba, Henker seines eignen Volks,
umwickelt mit der Freiheit roter Tunika,
gehorsam Proletarierleichen säend rings ...
Marat! Bakunin! Steigt aus eurer Gruft empor
und ruft die stummen Manen derer auch herbei,
die, schon gefällt vom Giftschwert schnöden Volksverrats,
uns Führer waren, Liebknecht, Rosa Luxemburg,
Landauer, meinen Lehrer und geliebten Freund,
die vielen, die gemordet sind, auch Leviné,
der heldisch fiel im Trugschein der Gesetzlichkeit;
sie alle ruft herbei, die Tausende des Volks,
die bei euch ruhn in der Geschichte Pantheon,

132

zu stärken uns zur Sammlung und zur großen Tat,
den Spuk zu bannen, zu erwecken Volk und Land,
herabzureißen jene von dem Führersitz,
die tiefer, ewiger Verachtung würdig sind
und deren Name nie ein Lied entweihen mag.
Er mag zerstäuben in der Asche all des Brands,
den wir entzünden als des Unrechts ruhmlos Grab,
in dessen Sold sie ihren Volksverrat begehn.
Entkleiden wollen wir sie ihres roten Schmucks.
Von der Verräterfratze reißen wollen wir
die lächelnde Verführermaske des Betrugs ...
Marat! Bakunin! Gebt von eurer Leidenschaft
uns, denen dieses Volks Revolution vertraut,
daß wir die Freiheit aus dem Arm des Trugs befrein,
die nie geschwängert werde von dem Eitersaft,
aus dem der Künftigen Glück sich nicht gebären kann.
Befruchtet, Tote, uns mit Kraft und Zorn und Haß,
das Werk zu tun, das, wenn ihr Rechenschaft verlangt,
so leuchtend über aller Zukunft Wegen strahlt,
daß ihr es selbst als Krönung eures Werks erkennt.

Vor der Vergeltung

Habt ihr es vergessen? Wir wissen es noch,
wie ihr beugtet vor uns den Nacken,
wie eure Hoffart sich winselnd verkroch,
erwartend den Tritt unserer Hacken.
Weh uns, uns Siegern – wir traten nicht zu.
Wir glaubten den Schwüren der Treue.
Wir scheuten den Blutsaum an unserm Schuh,
wir schonten geheuchelte Reue.
Und staunend, noch zweifelnd, wagtet ihr zag
– und es glückte – den Blick zu erheben.
Da saht ihr, unser Vertrauen war echt,
die Freude, die auf unsern Zügen lag,
war die Lust, zu formen ein neues Geschlecht,
ein freies, ein glückliches Leben.

Jetzt mischtet ihr im verborgenen Gift
aus altverstaubten Phiolen,
berieft euch auf tote Satzungsschrift
und tratet uns unter die Sohlen.
Ihr schontet uns nicht, ihr tratet zu
und tratet und tretet noch heute.
Durch Blutmeere watet euer Schuh,
doch eure Rache kennt keine Ruh,
und eure Rache will Beute ...
Ihr habt es vergessen, wir wissen es noch,
wie ihr eure Nacken gebogen,
wie eure Hoffart sich winselnd verkroch
und wie eure Schwüre gelogen.
Wir wissen es noch und vergessen es nie –
und wissen, die Stunde kommt wieder;
wir beugen euch wieder unter das Knie –
und glaubt uns, die Eide, die ihr schwört,
wir haben sie einmal gläubig gehört –
sie zwingen uns nicht mehr nieder.
Wir haben gelernt. Wir wissen Bescheid.
Ihr lehrtet uns Not und Haß und Leid
und die Kraft, den Willen zu straffen.
Schon dämmert der Morgen im Nebeldampf.
Der Mittag bringt den Entscheidungskampf.
Auf Leben und Tod – zu den Waffen!

Der Tote

War's ein Traum? Ist's wahr? – Was macht's!
Bilder ziehn und fliegen.
Einen Toten sah ich nachts
auf der Bahre liegen.
Schlug die Augen nicht mehr auf,
hielt den Mund geschlossen
und ließ doch den Worten Lauf,
die im Kreis zerflossen:
Schreiner, füge mir den Sarg

134

aus sechs starken Brettern.
Wer das Herz in Schlummer barg,
trotzt nicht mehr den Wettern.
Wer am Wege niederfiel,
müde und verlitten,
braucht, daß er ihn leit zum Ziel,
keinen Gott zu bitten.
Wem die Sonne nicht mehr scheint,
kann die Liebe missen.
Wieviel Trauer um ihn weint,
braucht er nicht zu wissen.
Himmel – Hölle, Dunkel – Licht,
heitrer oder trüber –
Tote unterscheiden nicht.
Lust und Leid: vorüber!
Schreiner, richte mir die Truh
aus sechs starken Brettern.
In den Grabblock meißle du,
Steinmetz, diese Lettern:
Menschen, laßt die Toten ruhn,
euer ist das Leben.
Jeder hat genug zu tun,
Arm und Blick zu heben.
Laßt die Toten! Sie sind frei
im durchnäßten Sande.
Euch entringt der Sklaverei!
Euch der Not und Schande!
War ein Kampf des Lorbeers wert,
spart dem Tod die Spende –
aber nehmt des Toten Schwert!
Führt den Kampf zu Ende!
Kämpft, o kämpft, und nützt die Zeit
zu der Menschheit Glücke!
Fällt ein Mann, so steht bereit:
Vorwärts! Schließt die Lücke!
Wollt ihr denen Gutes tun,
die der Tod getroffen,

135

Menschen, laßt die Toten ruhn
und erfüllt ihr Hoffen!

Mahnung der Gefallenen

Aus allen Gräbern der gefallenen Brüder
klopft das Gebein herauf: wir liegen wach
und horchen, was ihr treibt. Doch immer müder
wird euer Kampf. Selbst euer Wort klingt schwach.
Habt ihr uns dazu weinend eingegraben,
mit roten Schleifen unsre Gruft geschmückt,
daß unsre Mörder gute Tage haben
und daß die Faust, die uns erschlug, euch drückt?
Wir starben in dem Kampf, den zu gewinnen
wir euch mit unsrem Tode auferlegt.
Ihr schwurt uns Sieg. – Wollt ihr euch noch besinnen,
bis euch das Alter in die Grube fegt?
Kränkt euch nicht mehr das Elend und der Hunger?
Beugt ihr euch wieder willig unters Joch?
Schläft euer Geist? Und warum reißt kein junger,
kein starker Arm ihn zur Empörung hoch?
Genossen, schämt euch. Ihr seid klug geworden.
Wir kämpften. Ihr bedenkt, erwägt, bemeßt.
Die Feinde knechten euch; sie strafen, morden –
ihr unterhandelt, ihr erhebt Protest!
Ihr sitzt am selben Tisch mit ihresgleichen
und feilscht im Rat. – Sie handeln, ihr stimmt ab.
Sie bringen Jahr für Jahr uns frische Leichen; –
ihr bringt uns jährlich frisches Grün ans Grab. –
Die Waffen mögt ihr, nicht Protest erheben!
Dem Volke dient – euch selbst – doch nicht dem Staat!
Nicht kluger Vorsicht – weiht dem Kampf das Leben!
Statt weicher Eide leistet harte Tat! …
Wir Toten liegen wach, doch ihr treibt Possen.
Erfüllt, was unser Tod von euch begehrt!
Erkämpfet uns die ewige Ruh, Genossen!
Rächt uns! Befreit die Welt! Heraus das Schwert!

136

Fanal

Ihr treibt das Rad; ihr wirkt die Zeit;
das Feuer flammt: Jetzt! und Hier!
Euch mahnt das Feuer; macht euch bereit!
Erkennt eure Kraft! Seid Ihr!

Euch flammt das Feuer! Euch blüht das Land!
Erkennt! Seht! Hört! und Wißt!
Doch ihr verdingt euer Hirn, eure Hand –
und zweifelt, was Euer ist.

Kein Fragen, kein Rechnen befreit den Geist.
Das Feuer flammt: Tat ist Pflicht!
Wenn ihr eure Ketten nicht zerreißt –
von selber brechen sie nicht!

137

Haft

Der Gefangene

Ich hab's mein Lebtag nicht gelernt,
mich fremdem Zwang zu fügen.
Jetzt haben sie mich einkasernt,
von Heim und Weib und Werk entfernt.
Doch ob sie mich erschlügen:
Sich fügen heißt lügen!

Ich soll? Ich muß? – Doch will ich nicht
nach jener Herrn Vergnügen.
Ich tu nicht, was ein Fronvogt spricht.
Rebellen kennen beßre Pflicht,
als sich ins Joch zu fügen.
Sich fügen heißt lügen!

Der Staat, der mir die Freiheit nahm,
der folgt, mich zu betrügen,
mir in den Kerker ohne Scham.
Ich soll dem Paragraphenkram
mich noch in Fesseln fügen.
Sich fügen heißt lügen!

Stellt doch den Frevler an die Wand!
So kann's euch wohl genügen.
Denn eher dorre meine Hand,
eh ich in Sklavenunverstand
der Geißel mich sollt fügen.
Sich fügen heißt lügen!

Doch bricht die Kette einst entzwei,
darf ich in vollen Zügen
die Sonne atmen – Tyrannei!
Dann ruf ich's in das Volk: Sei frei!

138

Verlern es, dich zu fügen!
Sich fügen heißt lügen!

Geschonte Kraft

Ihr Toren meint, der Kämpfer und Verächter
sei müde und besiegt ins Knie gesunken,
verlöscht sei seines Zornes heller Funken
vom rohen Fußtritt der Gesetzespächter.

Wahr ist's: er ballt die Fäuste nicht dem Wächter;
speit keinen Schimpf: ihr Mörder, ihr Halunken!
Und blößt nicht seinen Rücken martertrunken
den Geißelhieben unter Hohngelächter.

Ein stiller Mann. Und doch: ihr Toren irrt.
Er braucht sich seinen Mut nicht zu befeuern,
indem er laut mit seinen Ketten klirrt.

Im Gegenteil: bemüht, den Klang zu dämpfen,
wird ihm sein Eisen das Gelenk nicht scheuern,
139   und stark erhält er seinen Arm zum Kämpfen.

Einzelhaft

Menschen, die heiße Herzen nicht kennen,
wittern Gefahr von ihrem Schlag
und sinnen, ihr Sehnen auszubrennen,
auf neue Qualen an jedem Tag.
Die Tür mit Schlössern und Bolzen verriegelt,
ein Spähloch darin, durch das Haß mich bewacht,
die Füße gehemmt, die Stimme versiegelt,
Stickluft und Fliegen bei Tag und Nacht.
Und draußen ein Rasseln und Klirren und Poltern:
Das mahnt, daß des Feindes Trachten nicht ruht.
Ein Froschhirn bastelt an Seelenfoltern

und dringt mit keiner doch bis ans Blut ...
Strengt euch nicht an, ihr armen Beamten!
Niemals schlägt mir ins Herz euer Blitz.
Vergeudet ihr doch mit euern gesamten
Peinigungen nur Tintenwitz.
Glaubt ihr, ihr könntet die Liebe verwunden,
trennt ihr mit List die Frau vom Mann?
Herzen bleiben immer verbunden,
auch wenn die Lippe nicht küssen kann.
Glaubt ihr, umschlossen von kalkigen Mauern
dorre mir Geist und Seele ein?
Ach, ihr wißt nichts von heiligen Schauern;
der sie kennt, ist niemals allein.
Kommt nur heran mit Martern und Plagen!
Nehmt mir das Lager und kürzt mir die Kost!
Heißes Herz kann Hunger ertragen,
heißes Herz erfriert nicht im Frost.
Arme Teufel, ihr Bürokraten,
tötet mich doch, befiehlt's eure Pflicht!
Ihr könnt den Leib des Rebellen braten,
das Herz und die Seele versengt ihr ihm nicht!   140

Gefängnis

Auf dem Meere tanzt die Welle
nach der Freiheit Windmusik.
Raum zum Tanz hat meine Zelle
siebzehn Meter im Kubik.

Aus den blauen Himmeln zittert
Sehnsucht, die die Herzen stillt.
Meine Luke ist vergittert
und ihr dickes Glas gerillt.

Liebe tupft mit bleichen leisen
Fingern an ein Bett ihr Mal.

Meine Pforte ist aus Eisen,
meine Pritsche hart und schmal.

Tausend Rätsel, tausend Fragen
machen manchen Menschen dumm.
Ich hab eine nur zu tragen:
Warum sitz ich hier? Warum?

Hinterm Auge wohnt die Träne,
und sie weint zu ihrer Zeit.
Eingesperrt sind meine Pläne
namens der Gerechtigkeit.

Wie ein Flaggstock sind Entwürfe,
den ein Wind vom Dache warf.
Denn man meint oft, daß man dürfe,
was man schließlich doch nicht darf.

Herz in Not

Geht's nun also auf die Fahrt?
Nahn die düstern Rappen?
Knochenfinger rütteln hart
an den Herzensklappen.
Wehr dich, Herz! Es ist der Haß
rachegieriger Büttel,
der dich schlägt. Sei nicht von Glas!
Trotze ihrem Knüttel.
Herz im Leibe, hageldicht
fallen Hasses Hiebe.
Herz der Seele, duld es nicht!
Dir gehört die Liebe!
Herz der Seele, mach es quitt
mit der Kraft des Guten,
was das Herz im Leibe litt,
ohne zu verbluten.
Und muß doch gestorben sein,

stirbt das Herz im Leibe.
Herz der Seele, groß und rein,
lebe weiter, bleibe!
Bleibe, wo die Freiheit ringt
aus gekränktem Hoffen.
Bleibe, wo die Zukunft singt.
Halt die Seelen offen!
Ob das Herz im Leibe birst –
Herz der Seele, wache! –
Und mit meiner Liebe wirst
du zu meiner Rache!

142

In der Zelle

Scheu glitt ein Tag vorbei – wie gestern heut.
Ein leerer rascher Tropfen sank ins Jahr.
Und wenn sich aus der Nacht geballtem Nichts
der letzte Schatten in den Morgen streut –
du freust dich kaum am kalten Kuß des Lichts.
Und morgen wird es sein, wie's heut und gestern war.

Gefängnis: Leben ohne Gegenwart,
ganz ausgefüllt von der Vergangenheit
und von der Hoffnung ihrer Wiederkehr.
Du fragst nicht, ob du weich ruhst oder hart,
ob deine Schüssel voll ist oder leer.
Betrogen um den Augenblick verrinnt die Zeit.

Du wirst nicht älter und du bleibst nicht jung.
Gewöhnung weckt dich, bettet dich zur Ruh.
Dein Fragewort heißt niemals: Wie? – Nur: Wann?
Doch Wann ist Zukunft, Wann ist Forderung.
Weh dir, wenn dich Gewöhnung töten kann.
Verlern das Warten nicht. Bleib immer Du! Bleib Du!

Die Pflicht

Jüngst war der Tod bei mir zu Gast ...
Unsichtbar stand er und hat still
und prüfend meinen Puls gefaßt,
als fragt er, ob ich folgen will.
Da ward mein Körper schwebend leicht,
und in mir ward es licht und rein.
Ich spürte: Wenn das Leben weicht,
muß Seligkeit und Süße sein.
Willkommner Tod, du schreckst mich nicht;
in deiner Obhut ist es gut,
wo Geist und Leib von aller Pflicht,
von Kerkerqual und Ängsten ruht ...
Von aller Pflicht? Stirbt denn mit mir
der Krieg, das Unrecht und die Not?
Des Armen Sucht, des Reichen Gier –
sind sie mit meinem Ende tot?
Ich schwur den Kampf. Darf ich ihn fliehn?
Noch leb ich – wohlig oder hart.
Kein Tod soll mich der Pflicht entziehn –
und meine Pflicht heißt: Gegenwart!

Zuversicht

Mag auch der Kerkerketten Bleigewicht
den Körper manchmal an den Boden zwingen –
Genossen, Mut! Die stärkste Kette bricht
und mit ihr jede Not; – nur eine nicht:
die Mattigkeit geknickter Seelenschwingen.
Spürt ihr die Sonne durch die Nebel dringen?
Ihr Strahlenbohrer schweißt das Kerkertor.
Gebt acht – die Fesseln lockern sich, Genossen!
Dem Auge kommt das Blickfeld weiter vor;
entwöhntes Klingen rauscht vertraut ans Ohr.

Die Zukunft, von Vergangenem umflossen,
strafft unsre Seelenfittiche: Empor!

Herbstmorgen im Kerker

Wenn morgens über Gras und Moor
sich weißlich-trüb der Nebel bauscht,
unfroher Wind mit müdem Stoß
im dürren Laub des Herbstes rauscht;
wenn eiterig der fahle Tau
von welken Blütenresten tränt,
des Äthers dichtverquollenes Grau
dem neuen Tag entgegengähnt –
und du, gefangen Jahr um Jahr,
gräbst deinen Blick in Dunst und Nichts:
da wühlt die Hand dir wohl im Haar,
und hinter deinen Augen sticht's.
Du starrst und suchst gedankenleer
nach etwas, was du einst gedacht,
bis endlich, wie aus Fernen, schwer
das Wissen um dein Selbst erwacht.
Du musterst kalt das Eisennetz,
das dich in deinen Kerker bannt;
in dir erhebt sich das Gesetz,
zu dem dein Wille sich ermannt:
Treu sein dem Werk und treu der Pflicht,
der Liebe treu, die nach dir bangt;
treu sein dir selbst, ob Nacht – ob Licht,
dem Leben treu, das dich verlangt! ...
Aus jedem Morgen wird ein Tag,
und wie die Sonne einmal doch
durch Dunst und Schleier drängen mag,
so bleibt auch dir die Hoffnung noch. –
Im Nebel dort schläft Zukunftsland.
Du drehst den Kopf zurück und blickst
an der gekalkten Zellenwand
zu deines Weibes Bild. Und nickst.

144

Freiheit in Ketten

Ich sah der Menschen Angstgehetz;
ich hört der Sklaven Frongekeuch.
Da rief ich laut: Brecht das Gesetz!
Zersprengt den Staat! Habt Mut zu euch!
Was gilt Gesetz?! Was gilt der Staat?!
Der Mensch sei frei! Frei sei das Recht!
Der freie Mensch folgt eignem Rat:
Sprengt das Gesetz! Den Staat zerbrecht! –
Da blickten Augen kühn und klar,
und viel Bedrückte liefen zu:
Die Freiheit lebe! Du sprichst wahr!
Von Staat und Zwang befrei uns du! –
Nicht ich! Ihr müßt euch selbst befrein.
Zerreißt den Gurt, der euch beengt!
Kein andrer darf euch Führer sein.
Brecht das Gesetz! Den Staat zersprengt! –
Nein, du bist klug, und wir sind dumm.
Führ uns zur Freiheit, die du schaust! –
Schon zogen sie die Rücken krumm:
O sieh, schon ballt der Staat die Faust! ...
Roh griff die Faust mir ins Genick
des Staats: verletzt sei das Gesetz!
Man stieß mich fort. – Da fiel mein Blick
auf Frongekeuch und Angstgehetz.
Im Sklaventrott zog meine Schar
und schrie mir nach: Mach dein Geschwätz,
du Schwindler, an dir selber wahr!
Jetzt lehrt der Staat dich das Gesetz! – –
Ihr Toren! Schlagt mir Arm und Bein
in Ketten, und im Grabverlies
bleibt doch die beste Freiheit mein:
die Freiheit, die ich euch verhieß.
Man schnürt den Leib; man quält das Blut.
Den Geist zwingt nicht Gesetz noch Staat.

Frei, sie zu brechen, bleibt mein Mut –
und freier Mut gebiert die Tat!

Vermächtnis

Ihr Kameraden der Not,
hört mein Gebot!
Hört mein Vermächtnis!
Es kommt die Zeit, da das Feuer loht,
da die Welt sich befreit,
da das Leben in lockenden Sprachen spricht.
Vergeßt eure Not, eure Leiden nicht!
Ich lehr euch: Gedächtnis!

Ihr Kameraden der Haft,
schont eure Kraft!
Bändigt die Sorgen!
Was Wut und Scham eurer Leidenschaft,
euerm Willensdrang nahm,
was Leids sich im Herzen euch häufen mag:
es wird alles gebraucht für den kommenden Tag.
Spart's auf für das Morgen!

Ihr Kameraden der Nacht,
steht auf der Wacht!
Lernt von den Bütteln!
Was Haß euch lehrt und mißbrauchte Macht,
sei gepflegt und vermehrt.
Ein Altar aus verwartetem Ekel und Groll,
von der Liebe entbehrten Küssen voll –
wer will daran rütteln?!

Ihr Kameraden im Tod,
hört mein Gebot!
Mein letztes Vermächtnis!
Bald wird vielleicht uns das Henkerbrot
in den Kerker gereicht.

Dann segnet das Blut, das dem Leibe entrinnt!
Es fließt zur Jugend, die Rache sinnt –
147 und lehrt sie: *Gedächtnis!*

Requiem

Ich lade euch zum Requiem

Ich lade euch zum Requiem
vors Ehrenmal der Totenmauer.
Aus Liebe, Schmerz, Empörung, Trauer
wand ich ein Blumendiadem.

Zerpflückt nicht, so ihr Menschen seid,
den Kranz, den ich gebunden habe,
und denkt daran: am frischen Grabe,
unkritisch, weint das frische Leid.

Das Heut erkennt das Gestern nicht,
trotz Ruhmeskranz und Seelenmessen. –
Wer Zukunft schuf, bleibt unvergessen.
Erst die Geschichte hält Gericht.

Curt Siegfried

Freitod am 30. Juli 1903

Nur die Besten fahren zur Hölle;
denn nur die Besten können leiden,
und nur die Besten wissen zu scheiden
und finden den Weg aus dem Erdgerölle. – –

Du fandst deinen Weg, mein mutiger Flieher!
So laß denn die Vetteln um dich flennen,
die Erdendrescher und Himmelszieher,
die nicht wissen, wo Höllen brennen.

Die Sterbensängste, die jene blenden,
du knalltest sie stark und sieghaft tot. –

148

Fahr hin, wo die Flamme den Besten loht:
zu den trunkenen goldenen Höllenbränden!

Francesco Ferrer

ermordet am 13. Oktober 1909

Vorbei. Die Flintensalve hat gekracht.
Das Blutgericht hat seinen Mord vollbracht.
Auguren lächeln feist und abgefeimt.
Mit Blut ward eines Königs Thron geleimt ...
Blut? Was ist Blut? Ein warmer roter Saft,
der Quell des Lebens und der Born der Kraft.
Jedoch das Blut, das für die Freiheit fließt,
das ist der Dünger, draus die Freiheit sprießt,
ist der entweihten Erde Heil und Bad ...
– – Ein Kämpfer fiel – – und uns ein Kamerad.

Francesco Ferrer! Nun dein Blut verdorrt,
wird es lebend'ger sein als vor dem Mord.
Dem Volk, für das dein reiches Leben fiel,
dein rotes Herzblut leuchtet ihm zum Ziel.
Du sankst in Staub; jedoch dein Schatten lebt,
aus dem die Rache drohend sich erhebt.

Blut wider Blut! Dein bleichendes Gebein
wird deinem Wollen der Vollstrecker sein ...
Doch ihr, ihr Mörder! Feige Pfaffenbrut!
Selbstmörder, ihr! Auf euch kommt Ferrers Blut!
Ihr gabt dem Spaniervolke das Signal,
zu enden die jahrhundertlange Qual!
Die Salve, die in Ferrers Herz gekracht –
nicht ihm – euch hat sie den Garaus gemacht.
Nicht lange freut ihr euch der Schurkentat.
Mit Freiheitsblut leimt ihr nicht Thron noch Staat!
Wir aber halten Ferrers Namen fest
auf jener Tafel, die uns hoffen läßt.

Wir betten ihn in jene Heldengruft,
aus der's den Völkern ewige Mahnung ruft:
Das Heldenblut, das für die Freiheit fließt,
das ist der Dünger, draus die Freiheit sprießt!

Tolstois Tod

am 20. November 1910

Die Liebe ist verwaist. Ihr stärkster Hort,
ihr Schützer, ihr Prophet, ihr Held, ihr Sohn,
die menschgewordne Liebe selbst ging fort.
Das Herz der Welt erbebt in seinen Festen,
erschüttert von des Worts Posaunenton,
vom Testament des Weisesten und Besten.
Er ging, wie nie ein Mensch noch sterben ging,
nicht müde flüchtend, nicht mit Todesbeben;
er sprengte seines Daseins goldnen Ring,
zu einen seines Herzens mächtigen Schlag
mit dem der Welt. – An seinem Sterbetag
grüßt ihn der Sieg des langen Kampfs: das Leben …
Noch schläft die Sonne hinter Reif und Frost;
vereiste Wege, nur vom Schnee erhellt,
durchkreuzen bleich und lang erfrorne Gründe.
Durch den Novembermorgen pfeift und gellt,
wie Atemstöße roher Menschensünde,
von Schmerz und Wollust heulend der Nordost.
Da trappeln Pferde. Eine Wagenspur
spult flimmernd sich im schneeigen Boden ab.
Ein Greis verläßt sein Weib, sein Gut, sein Haus.
Hinaus in Gottes einsame Natur!
Die Hufe schlagen auf im scharfen Trab –
in Rußlands stillste Einsamkeit hinaus.
Was arme Menschen Wohlstand dünkt und Glück:
Bequemlichkeit und festliches Geschmeide
und Zärtlichkeit und liebende Betreuung –
der flüchtige Greis wirft keinen Blick zurück.

150

Die Seele, eingekrustet im Genuß,
sehnt sich nach Reinigung und nach Erneuung.
Sie wäscht sich rein von aller Menschheit Leid,
und aller Menschheit weiht sie ihren Kuß. –
Sucht nicht den Gatten, sucht den Vater nicht,
der ohne Abschied ging, um Gott zu finden;
in seiner Sterbestunde für die Blinden
das Heil zu suchen, Stab und Mut und Licht.
Der euch verließ, gehört nicht euch allein.
Stört nicht sein Tun, so ihr die Menschheit achtet!
Wenn ihr barmherzig seid, tränkt nicht mit Wein
den Sterbenden, der nach Erlösung schmachtet! –

Der Tag steigt auf. Die helle Sonne leuchtet
ins herbstliche Gefild mit heller Glut,
daß rings vom Tau der Schnee sich funkelnd feuchtet
und daß des Greisen welke Brust sich dehnt,
noch einmal sich zurück zur Jugend sehnt,
noch einmal rascher rieseln fühlt das Blut.
Dann sinkt der Leib zusammen siech und schwach. –
Nur rasch ihn betten unters nächste Dach! –
Und die ihn lieben, kommen, ihn zu pflegen,
noch einmal seine bleiche Hand zu küssen
und zu empfangen Scheidegruß und Segen.
Er wehrt sie ab. Schon dorren seine Lungen,
schon jagt in irrem Schlag der Puls des Kranken:
In dieser Stunde nicht bedrängt sein müssen
von Zärtlichkeiten und Erinnerungen.
Nur noch zum All die Worte und Gedanken! –

Da draußen liegt die weite weiße Erde,
das Schlachtfeld, wo Millionen Menschen leiden,
wo Haß und Kampf und Kriege und Beschwerde
das Menschenherz von seiner Gottheit scheiden.
Liebt euch! Seid Freunde, Brüder! Haltet Frieden!
Seid gut und widerstehet der Gewalt! – –
Der Sterbende hat an die Bahnstation
die ganze Menschheit vor sein Bett beschieden,

befiehlt ihr, Gottes Odem einzusaugen.
Er atmet auf. Ein Todeshauch weht kalt
um Herz und Stirne – und der Menschensohn
erkennt sich selbst und seufzt und schließt die Augen.
Sein Herzschlag hat sich dem der Welt vereint. –
Die Liebe ist verwaist. – Die Menschheit weint.

Peter Kropotkin

zum 70. Geburtstage,

am 9. Dezember 1912 (gestorben 1921)

Wehe dem Menschen, der niemals die Nöte
mordenden Unrechts fluchend erkannt!
Wehe dem Reichen, dem niemals die Röte
schmerzlicher Scham die Stirne gebrannt!
Weh dem Zufriedenen! Einstmals aus warmen
Decken schreckt ihn die Wahrheit empor!
Aber dreimal wehe dem Armen,
der den Glauben ans Glück verlor!
Durch der Menschen gräßliches Irren,
durch ihres Blutes schäumenden Fluß,
durch der Ketten kreischendes Klirren
schreitet der Freiheit trotziger Fuß.
Tausend tückische Widerstände
stellen sich drohend in ihre Bahn,
aber Millionen fleißige Hände
führen sie sicher durch Trug und Wahn.
Laßt uns die rührigen Hände segnen
und die Herzen, die groß und still,
furchtlos und stark dem Unrecht begegnen,
das die Freiheit vernichten will.
Wir grüßen dich, der du mit junger Kraft
ein langes Leben für die Freiheit strittst.
Wir danken deiner rüstigen Leidenschaft,
da du des Greisenalters Saal betrittst.

152

Wir wünschen dir die unverbrauchte Glut,
das tapfere Herz, das lang noch jung und heiter
dein Leben wärme und den starken Mut
als unser Führer und als Wegbereiter.
Wir segnen dich. Wie das begierige Land
den Regen segnet, der ihm Kraft gegeben,
aus der sich alle Saat und Frucht entband – –
Befruchtete: so segnen wir dein Leben.
Wir lohnen dir, indem wir, was du schufst,
zusammenfügen zu gewaltigem Bau,
auf daß, wenn du zum Abschied einst uns rufst,
dein Blick noch deines Werks Erfüllung schau ...
Freudig wird der Mann den Spaten führen.
Selig wird die Frau ihr Kind erwarten.
Glück und Eintracht hinter allen Türen,
Spiel und Blütenduft in jedem Garten.
Flinten wird man häufen in Museen,
denn sie haben aufgehört zu dröhnen.
In den Gottestempeln und Moscheen
wird das Wort des Volkes stolz ertönen.
Um des Geistes letzte tiefste Fragen
werden ernste Menschen ernsthaft kämpfen,
und den Lärm des Kampfs und seine Klagen
wird die Achtung voreinander dämpfen.

Frank Wedekind

gestorben am 9. März 1918

Was gilt *ein* Toter, da das grenzenlose Weh
hinbrandet über jedes Land und jeden Ort
und Leid, gleich der von Stürmen aufgeworfnen See
hochwogend, ungehemmt den Erdball überflutet?
Was gilt *ein* Toter, da die ganze Menschheit blutet
und alle Frucht am grünen Baum der Zukunft dorrt?
Doch! Jeder Tote gilt – und gilt soviel
wie Liebe, Trauer, Schmerz, Verehrung, Dank

sein Sterbliches bei Menschen überdauert.
Das Schicksal setzt dem Weg des Leibs ein Ziel –
doch keiner starb, eh sein Gedenken sank,
und jeder lebt, den noch ein Herz betrauert ...
Nimm, Erde, du in deinen frommen Schoß
den teuren Toten – laß sein Fleisch zerfallen
und wisse, daß ein Herz es barg, das allen
gehörte, die den besten Menschheitsplänen
ihr Sein vermählten. – Lauter, stark und groß
schlug dieses Herz – beweint von unsern Tränen. –
Wir *wollen* klagen, daß er uns verließ,
wenn auch sein Tod ihm nicht das Leben nahm.
Nie stirbt sein Werk – doch niemals auch der Gram,
daß ihn der Tod zu früh vom Werke stieß ...
Fahr hin, Gefährte, Freund und Lebensmehrer,
Wahrheitsverkünder, tapfrer Jugendlehrer,
Weltangelrüttler, streit- und tatbereit!
Du Geist des Geistes! Element der Zeit!
Du lachender, du strenger Sittenrichter,
der Freude und der Schönheit froher Dichter!
Du Spötter, Kämpfer, Mahner und Bekenner –
fahr hin! An deinem Grabe weinen Männer
und werden noch, die nach uns kommen, weinen.
Fahr hin! Nie stirbt dein starker Geist den Deinen
und nie der Welt, die deinen Atem trank. –.
Leb wohl! Und daß du *lebst,* sei unser Dank!   154

Gustav Landauer

ermordet am 2. Mai 1919.

Zur Gedächtnisfeier in München am 2. Mai 1920

Ihr seid gekommen, einen Toten ehren,
zu laden seinen abgeschiednen Geist,
wo Kunst und Andacht ewige Welten preist,
als Gast der Herzen bei euch einzukehren.
Doch erst schafft Raum im Herzen! Wißt zuvor,
wen ihr erwartet. – Hingegossenes Blut
ist noch kein Grund, in weihevollem Chor
die Musen und die Genien zu bemühen.
Mord weckt Verzweiflung, Trauer, Jammer, Wut –
doch Kunst ist Freude, Leben, Quellen, Blühen.
Prüft, ob die Tränen, die vom Herzen drängen,
sich mischen mit dem Strom von Feierklängen!

Seht ihr ihn noch im Geiste, der euch rief?
Das Auge dem Gewissen hingegeben,
und seiner Stimme Klang prophetisch rief,
sprach er von Frieden, Liebe, Freiheit, Leben
und rief zur Schönheit und zur Kunst die Schar,
zur Andacht und zu freudigem Genießen.
Die Borne alles Glückes aufzuschließen,
das war die Sehnsucht, die sein Leben war.

Ein Träumer also, der vom Guten schwärmte?
Der gern die helle Sonne scheinen sah?
Sich gern an ihren bunten Strahlen wärmte? ...
O wartet noch, Musik und Poesie!
Noch ist der Geist des toten Freunds nicht nah –
und wer ihn *so* begreift, dem naht er nie.
Wohl mahnt er euch: Macht euch die Erde schön!
Wohl zeigt er euch die Tempel auf den Höhn!

Doch mächtig scholl sein Ruf im Vorwärtsschreiten:
Wer Glück und Freiheit will, muß sie *erstreiten!* – –

Ihr seid gekommen, einen Toten ehren,
der, als er lebte, Glück und Freiheit dachte;
der, als er starb, den Leib zum Opfer brachte
für seinen Glauben und für seine Lehren …
Macht weit die Herzen! Macht die Seelen weit!
Kunst ist *ein* Weg, die Lehren zu empfangen,
für die man ihn erschlug. – Macht euch bereit,

durch Andacht seinen Glauben zu erlangen:
Den Glauben an die Menschheit, an das Recht,
das jedem seinen Teil vom Ganzen gibt,
das nicht nach Namen fragt und nach Geschlecht,
das nie am Rand des flüchtigen Zufalls streift,
das jeden hütet, weil es jeden liebt –
das Recht, das sich im Namen *Volk* begreift!
Dem ganzen Volk sein ganzes Recht zu bringen,
rief er's zum Kampfe auf, es zu erringen.

Zum Kampfe rief er! Denn nur Kampf macht frei.
Kampf war sein Werk, Kampf seines Zornes Schwert.
Kampf war sein Leben. – Kampf! Nicht Schwärmerei.
Nur wer den Kämpfer ehrt, weiß, *wen* er ehrt! …
So fiel er auch im Kampf. Doch mit ihm fiel
die Liebe nicht, die ihn zum Kampf befeuert.
Er gab sie uns – und in der Kunst erneuert,
grüßt euch die Liebe: seines Kampfes Ziel.

Die Liebe lebt, und in ihr lebt sein Geist,
den wir zur Feier heut zu Gaste rufen,
wo Kunst und Andacht ewige Welten preist …
Als Gebender, als Spender tret er ein!
Der Liebeskämpfer soll empfangen sein
von Genien an des Freiheitstempels Stufen,
und Genien leiten ihn durch Tempelsäulen
in unsre Mitte. Die sein Blut vergossen,

sie hatten keine Flinten, keine Keulen,
zu töten ihn im Herzen der Genossen.

So grüße ihn die Kunst. Durch ihre Pforte
laß ihn ein jeder in sein Herz gelangen
und lausche: was es spricht, sind *seine* Worte.
Der Mann des Volks – er kommt als Gebender.
Seid ihr bereit, die Gaben zu empfangen,
so wird er bei euch sein: – ein *Lebender!*

August Hagemeister

gestorben in der Festungsanstalt Niederschönenfeld

am 16. Januar 1923

Nicht unterm Knattertakt der Mitrailleuse,
bei roten Fahnen nicht, noch Hufgestampf –
dein Blut floß nicht ins Straßenschlachtgetöse.
Du starbst im Stuhl, und doch: Du fielst im Kampf.

Der Kerker stieß dich zu den Schatten jener,
die in der Menschheit düsterm Totentanz
endlos den Reigen ziehn der Nazarener,
der Weltbefreier mit dem Dornenkranz.

So fällte dich der Tod, um dich zu krönen.
Schon lauscht das Volk. – Dem Lebenden so taub,
hört's des Verstummten Worte brausend tönen. –
Das Volk wacht auf und segnet deinen Staub.

Lenin

gestorben am 21. Januar 1924

Heult auf, Fabriksirenen! Heult, ihr Schlote!
Kanonen, brüllt, bis Luft und Erde gellt
im Schmerzorchester! – Hört es nicht der Tote,
so hört es Rußland doch, so hört's die Welt!
Denn hören soll's die Welt und soll es fühlen,
daß eine Hand von ihrer Achse glitt,
die es vermochte, Stürme aufzuwühlen,
die mit dem Schwert für Pflug und Hammer stritt.

Maschinen, schreit's der Menschheit in die Ohren;
Hochofenflamme, die zum Himmel loht,
seng es mit blutiger Schrift in seine Poren:
Welt, halt den Atem an – Lenin ist tot!
Oh, faßt es, Menschen! Doch wer könnte fassen,
was kaum die bange Ahnung tastend spürt:
Der Moses starb den lastgebeugten Massen,
der Rußlands Volk durchs rote Meer geführt;
der ihm die Wege durch die Wüste bahnte,
der frevlem Wahn das Goldne Kalb zerschlug
und der die Tafel, die zur Pflicht gemahnte,
in Marsch und Kampf ob allen Häuptern trug.
Der Moses starb der Armen und Geplagten,
der, Freiheit suchend, bis zur Schwelle fand –
und der zum Ziel wies, wenn die Zweifler fragten:
Dort ist's! *Erkämpft* euch das Gelobte Land! …

Lenin ist tot. – Die Sichel senkt, den Hammer
in trauervoller Ehrfurcht seinem Geist.
Doch überlaßt euch nicht dem faulen Jammer!
Die Ketten, die er angefeilt, zerreißt!
Sein großes Werk setzt fort, baut aus, vollendet!
Wo sie noch herrscht, da brecht die Sklaverei!

157

Solang nicht jedes Volk sein Schicksal wendet,
so lang ist auch das Russenvolk nicht frei!

Voran aus eigner Kraft in eignen Bahnen!
Dies unser Schwur. – Nun, Trauerchöre, braust!
Lenin ist tot. – So flattert, rote Fahnen!
Schiffsglocken, läutet! Eisenhämmer, saust!
Gewehre, knattert! Hupen, bellt! Sirenen,
Haubitzen, Essen – donnert, brüllt und pfeift!
Laßt euern Lärm die Atmosphäre dehnen,
daß das Gestirn am Firmament begreift:
Lenin ist tot!
Die Menschenvölker trauern.
Der Mund verstummte, dessen mächtiger
Ruf die Bresche reißen half in Zwingburgmauern.
Lenin ist tot. Verteidigt, was er schuf!

Karl Liebknecht – Rosa Luxemburg

ermordet am 15. Januar 1919

Zieht euch die Kappen tiefer ins Gesicht,
wenn ihr an diesem trüben Wintertage
zur Arbeit schleicht.
Wie, Proletarier? Quälen euch die Sorgen,
ob ihr mit euerm Lohn die Woche reicht
und ob man mit der kargen Tüte nicht
euch die Papiere in die Hände schiebt?
Ihr seid es ja gewöhnt zu sehn,
wie Frau und Kinder hungern, die ihr liebt.
Vielleicht
steht morgen der Betrieb schon still.
Wenn es der Fabrikant so will,
wenn er euch nicht mehr braucht,
weil eurer Arbeitskraft Gewinnst
sich ihm nicht mehr nach Wunsch verzinst,
dann stellt euch mit Millionen Arbeitslosen

auch ihr in Frost und Not,
betrogen um der Kinder Brot,
vor Kirchentüren, winselnd um Almosen
und bis zum Knöchel watend in die Pfützen.
Vielleicht
schmeißt irgendwer euch einen Bettel in die Mützen.
Zieht euch die Kappen tiefer ins Gesicht.
An diesem Wintertag sind's sieben Jahre –
da schlug man euer Hoffen auf die Bahre.
Vergeßt es nicht!
Karl Liebknecht, Rosa Luxemburg – sie wußten:
Freiheit und Glück wächst nur aus starker Tat!
Sie starben für das Proletariat ...
Doch, sollen sie darum gestorben sein
und alle, die nach ihnen sterben mußten –
darum schlöss' Tausende das Zuchthaus ein,
daß, Proletarier, ihr nach sieben Jahren,
dem Wucher mehr als je verknechtet,
als Paria der Republik entrechtet,
hilflose Sklavenscharen
den Mördern eurer Helden dienstbar seid?
Nein! Streift die Kappen hoch aus dem Gesicht!
Laßt Licht,
laßt Hoffnung in den Blick! Faßt Mut!
Schaut vor euch und ergebt euch nicht dem Leid!
Schwört euern Toten, die für euch gefallen,
schwört bei der Besten ungerächtem Blut –
und laßt zum Eid die roten Fahnen wallen:
Die Revolution, sie ist nicht verloren.
Das Elend mahnt uns, uns zu befrei'n.
Die Stunde ist nah – wir haben geschworen –:
Ihr Toten, wir woll'n eure Rächer sein!

159

Sacco und Vanzetti

ermordet am 17. August 1927

I *(1926)*

Achtung! Hochspannung! Kommt nicht zu nah
dem Richterstuhl in Amerika!
Die Ordnung in den Vereinigten Staaten
bestimmt sich am Hauptbuch der Ölmagnaten.
Trittst du für das Recht der Proleten ein,
so wirst du ein Räuber und Mörder sein.
An Mordtaten fehlt es im Lande nicht:
Daß du sie begingst, beweist jedes Gericht.

Sacco! Vanzetti! Ihr schürtet die Glut
des Kampfes im Proletarierblut.
Nie schonte der Haß der Dollardespoten
die Kämpfer, die ihren Profit bedrohten.
Sie haben euch vors Tribunal geschleppt:
Räuber und Mörder! – Bewährtes Rezept.
Elektrischer Stuhl! Der Spruch ist gefällt. –
Achtung! Hochspannung! – Es zittert die Welt!

Der Stuhl ist geladen – sechs Jahre schon! –
für euch zwei Männer der Revolution.
Jetzt haben die Henker das Ende beschlossen.
Proletarier der Welt! Helft, helft den Genossen! ...
Sacco! Vanzetti! Die Arbeiterschaft
braucht euer Leben noch, braucht eure Kraft!
Ihr standet für alle – jetzt alle für zwei!
Achtung! Hochspannung! –
Wir kämpfen euch frei!

Sacco und Vanzetti

Juli 1927

Gestreift, besternt von den Dächern weht's.
Es feiert der Zukunft Boten
das Sternbanner der United States.
Heil euch, ihr tapfern Piloten!
Es jubelt die ganze alte Welt
und jauchzt zu Amerikas Ehre:
Ein neuer Rekord ward aufgestellt
in der Bezwingung der Meere!

Doch während die Flieger in Nacht und Graus
zwischen Himmel und Ozean schweben,
da schweben zwei Männer im Kerkerhaus
jahrelang zwischen Sterben und Leben.
Und während Europa mit Hoch und Hurra
Amerikas Sporthelden huldigt,
da werden im selben Amerika
zwei Schuldlose tödlich beschuldigt.

Seit sieben Jahren in Einsamkeit,
an Leib und Seele geschunden!
Seit sieben Jahren dem Tode geweiht,
des Richtstuhles fällig befunden!
Der Sheriff sagt: Schuldig! – Die Welt ruft: Nein!
Doch Spitzel und falsche Zeugen
sind billig. Sie schwören Stein und Bein,
um Wahrheit und Recht zu beugen.

Was laßt ihr Vanzetti und Sacco nicht los,
ihr Richter, aus ihren Zellen? –
Sind doch zwei arme Proleten bloß.
Wie? Aufrührer sind's und Rebellen!
Ja! Darum die siebenjährige Qual
und darum: Rache den Mördern!

Und darum will man sie dieses Mal
endgültig zum Henker befördern!

Mord?! Menschen, der *Richter* sinnt auf Mord!
Ihm mag's in die Ohren gellen:
Halt ein, Amerika, diesen Rekord
der Niedertracht aufzustellen!

Seppl Wittmann

ertrunken am 7. August 1927

Dies war dein Leben: Treue, Kampf und Haft.
Die Treue gab zum Kampfe dir die Kraft,
und in der Haft der feindlichen Gewalten
hast du die Treue deinem Kampf gehalten.

Dies war dein Leben: Mut und stille Tat.
Wo Waffen klangen, stürmtest du ins Feuer,
der roten Schar ein tapferer Soldat –
und standst des Tods gewärtig, du Getreuer!

Dies war dein Ende: in Gefahr und Not
sahst du die Menschen, die du liebtest, schweben
und sprangst zu ihnen in die Flut. – Sie leben.
Dich riß der Strom zur Tiefe. – Du bist tot.

Nun ruh dich aus. Sie haben bis zuletzt,
die Feinde, dich gesucht, verfolgt, gehetzt,
und weil du treu bliebst deinem Kampf und Hoffen,
stand in der Heimat dir der Kerker offen …

Genosse! Freund! Mein Kamerad und Sohn!
Mein Tag ward grau, da du gegangen bist.
Viel Leben ist mit dir ins Grab geflohn. –
Ruh aus vom Kampf, du treuer Rotgardist! –

Biographie

1878	*6. April:* Erich Mühsam wird in Berlin als Sohn eines Apothekers geboren. Er wächst in Lübeck auf, wo er das Katharineum besucht. Aufgrund von »sozialistischen Umtrieben« wird Mühsam der Schule verwiesen. Im mecklenburgischen Parchim macht er schließlich sein Abitur. Auf Wunsch des Vaters absolviert Mühsam in Lübeck und Berlin eine Apothekerlehre. In Berlin widmet er sich zunehmend seinen schriftstellerischen Ambitionen und arbeitet seit der Jahrhundertwende als freier Journalist.
1901	Mühsam ist nun für verschiedene Zeitschriften als Redakteur tätig.
1904	Sein erster Gedichtband, »Die Wüste«, wird veröffentlicht. Nach längeren Reisen nach Zürich, Ascona, Wien und Paris kommt Mühsam nach München, wo er sich der literarischen Boheme anschließt.
1905	Der Reisebericht »Ascona. Eine Broschüre« erscheint.
1911	Für die nächsten drei Jahre wird Mühsam Herausgeber der Monatsschrift »Kain. Zeitschrift für Menschenrecht«. Er verfasst alle Beiträge selbst.
1918	In Traunstein sitzt der Pazifist Mühsam wegen Kriegsdienstverweigerung eine sechs Monate lange Haftstrafe ab. Zusammen mit Landauer und Ernst Toller gehört Mühsam zu den führenden Köpfen der Bayerischen Räterepublik. Nach deren Sturz wird er zu 15 Jahren Festungshaft in Niederschönenfeld verurteilt.
1924	Mühsam wird vorzeitig aus der Haft entlassen.
1926	Er wird Herausgeber der anarchistischen Zeitschrift »Fanal«.
1928	Das Drama »Staatsräson. Ein Denkmal für Sacco und Vanzetti « wird veröffentlicht. Mühsam widmet sich nun ganz dem Kampf gegen die unzulängliche Weimarer Republik und die Gefahren des Faschismus.
1933	In der Schrift »Die Befreiung der Gesellschaft vom Staat. Was ist kommunistischer Anarchismus?« äußert Mühsam seine politischen Ideen.

28. Februar: Am Tag des Reichstagsbrandes wird Mühsam verhaftet.

1934   *10. Juli:* Nach 16 Monaten qualvoller Haft wird Mühsam im Konzentrationslager Oranienburg ermordet.

1949   Posthum wird Mühsams Autobiografie »Namen und Menschen. Unpolitische Erinnerungen« veröffentlicht.

Dekadente Erzählungen

Im kulturellen Verfall des Fin de siècle wendet sich die Dekadenz ab von der Natur und dem realen Leben, hin zu raffinierten ästhetischen Empfindungen zwischen ausschweifender Lebenslust und fatalem Überdruss. Gegen Moral und Bürgertum frönt sie mit überfeinen Sinnen einem subtilen Schönheitskult, der die Kunst nichts anderem als ihr selbst verpflichtet sieht.

Rainer Maria Rilke Die Aufzeichnungen des Malte Laurids Brigge **Joris-Karl Huysmans** Gegen den Strich **Hermann Bahr** Die gute Schule **Hugo von Hofmannsthal** Das Märchen der 672. Nacht **Rainer Maria Rilke** Die Weise von Liebe und Tod des Cornets Christoph Rilke

ISBN 978-3-8430-1881-4, 412 Seiten, 29,80 €

Erzählungen aus dem Sturm und Drang

Zwischen 1765 und 1785 geht ein Ruck durch die deutsche Literatur. Sehr junge Autoren lehnen sich auf gegen den belehrenden Charakter der - die damalige Geisteskultur beherrschenden - Aufklärung. Mit Fantasie und Gemütskraft stürmen und drängen sie gegen die Moralvorstellungen des Feudalsystems, setzen Gefühl vor Verstand und fordern die Selbstständigkeit des Originalgenies.

Jakob Michael Reinhold Lenz Zerbin oder Die neuere Philosophie **Johann Karl Wezel** Silvans Bibliothek oder die gelehrten Abenteuer **Karl Philipp Moritz** Andreas Hartknopf. Eine Allegorie **Friedrich Schiller** Der Geisterseher **Johann Wolfgang Goethe** Die Leiden des jungen Werther **Friedrich Maximilian Klinger** Fausts Leben, Taten und Höllenfahrt

ISBN 978-3-8430-1882-1, 476 Seiten, 29,80 €

Erzählungen aus dem Sturm und Drang II

Johann Karl Wezel Kakerlak oder die Geschichte eines Rosenkreuzers **Gottfried August Bürger** Münchhausen **Friedrich Schiller** Der Verbrecher aus verlorener Ehre **Karl Philipp Moritz** Andreas Hartknopfs Predigerjahre **Jakob Michael Reinhold Lenz** Der Waldbruder **Friedrich Maximilian Klinger** Geschichte eines Teutschen der neusten Zeit

ISBN 978-3-8430-1883-8, 436 Seiten, 29,80 €

Erzählungen der Frühromantik

1799 schreibt Novalis seinen Heinrich von Ofterdingen und schafft mit der blauen Blume, nach der der Jüngling sich sehnt, das Symbol einer der wirkungsmächtigsten Epochen unseres Kulturkreises. Ricarda Huch wird dazu viel später bemerken: »Die blaue Blume ist aber das, was jeder sucht, ohne es selbst zu wissen, nenne man es nun Gott, Ewigkeit oder Liebe.«

Tieck Peter Lebrecht **Günderrode** Geschichte eines Braminen **Novalis** Heinrich von Ofterdingen **Schlegel** Lucinde **Jean Paul** Des Luftschiffers Giannozzo Seebuch **Novalis** Die Lehrlinge zu Sais
ISBN 978-3-8430-1878-4, 416 Seiten, 29,80 €

Erzählungen der Hochromantik

Zwischen 1804 und 1815 ist Heidelberg das intellektuelle Zentrum einer Bewegung, die sich von dort aus in der Welt verbreitet. Individuelles Erleben von Idylle und Harmonie, die Innerlichkeit der Seele sind die zentralen Themen der Hochromantik als Gegenbewegung zur von der Antike inspirierten Klassik und der vernunftgetriebenen Aufklärung.

Chamisso Adelberts Fabel **Jean Paul** Des Feldpredigers Schmelzle Reise nach Flätz **Brentano** Aus der Chronika eines fahrenden Schülers **Motte Fouqué** Undine **Arnim** Isabella von Ägypten **Chamisso** Peter Schlemihls wundersame Geschichte **Hoffmann** Der Sandmann **Hoffmann** Der goldne Topf
ISBN 978-3-8430-1879-1, 408 Seiten, 29,80 €

Erzählungen der Spätromantik

Im nach dem Wiener Kongress neugeordneten Europa entsteht seit 1815 große Literatur der Sehnsucht und der Melancholie. Die Schattenseiten der menschlichen Seele, Leidenschaft und die Hinwendung zum Religiösen sind die Themen der Spätromantik.

Brentano Die drei Nüsse **Brentano** Geschichte vom braven Kasperl und dem schönen Annerl **Hoffmann** Das steinerne Herz **Eichendorff** Das Marmorbild **Arnim** Die Majoratsherren **Hoffmann** Das Fräulein von Scuderi **Tieck** Die Gemälde **Hauff** Phantasien im Bremer Ratskeller **Hauff** Jud Süss **Eichendorff** Viel Lärmen um Nichts **Eichendorff** Die Glücksritter
ISBN 978-3-8430-1880-7, 440 Seiten, 29,80 €

Erzählungen aus dem Biedermeier

Biedermeier - das klingt in heutigen Ohren nach langweiligem Spießertum, nach geschmacklosen rosa Teetässchen in Wohnzimmern, die aussehen wie Puppenstuben und in denen es irgendwie nach »Omma« riecht.

Zu Recht. Aber nicht nur.

Biedermeier ist auch die Zeit einer zarten Literatur der Flucht ins Idyll, des Rückzuges ins private Glück und der Tugenden. Die Menschen im Europa nach Napoleon hatten die Nase voll von großen neuen Ideen, das aufstrebende Bürgertum forderte und entwickelte eine eigene Kunst und Kultur für sich, die unabhängig von feudaler Großmannssucht bestehen sollte.

Georg Büchner Lenz **Karl Gutzkow** Wally, die Zweiflerin **Annette von Droste-Hülshoff** Die Judenbuche **Friedrich Hebbel** Matteo **Jeremias Gotthelf** Elsi, die seltsame Magd **Georg Weerth** Fragment eines Romans **Franz Grillparzer** Der arme Spielmann **Eduard Mörike** Mozart auf der Reise nach Prag **Berthold Auerbach** Der Viereckig oder die amerikanische Kiste

ISBN 978-3-8430-1884-5, 444 Seiten, 29,80 €

Erzählungen aus dem Biedermeier II

Annette von Droste-Hülshoff Ledwina **Franz Grillparzer** Das Kloster bei Sendomir **Friedrich Hebbel** Schnock **Eduard Mörike** Der Schatz **Georg Weerth** Leben und Taten des berühmten Ritters Schnapphahnski **Jeremias Gotthelf** Das Erdbeerimareili **Berthold Auerbach** Lucifer

ISBN 978-3-8430-1885-2, 440 Seiten, 29,80 €

Erzählungen aus dem Biedermeier III

Eduard Mörike Lucie Gelmeroth **Annette von Droste-Hülshoff** Westfälische Schilderungen **Annette von Droste-Hülshoff** Bei uns zulande auf dem Lande **Berthold Auerbach** Brosi und Moni **Jeremias Gotthelf** Die schwarze Spinne **Friedrich Hebbel** Anna **Friedrich Hebbel** Die Kuh **Jeremias Gotthelf** Barthli der Korber **Berthold Auerbach** Barfüßele

ISBN 978-3-8430-1886-9, 452 Seiten, 29,80 €